店商反击战

实体店逆袭电商的七种武器

| 陈海涛 ◎著 |

電子工業出版社
Publishing House of Electronics Industry
北京·BEIJING

内容简介

这是一个时代的变迁过程，实体店依然有存在的价值。

纯电商时代很快会结束，未来的十年、二十年，没有电子商务这一说，线上线下和物流必须结合在一起，才能诞生真正的新零售。电商是用“价格战”逆袭实体店，现在实体店需要用“服务”扳回一局。

图书在版编目（CIP）数据

店商反击战：实体店逆袭电商的七种武器 / 陈海涛著. —北京：电子工业出版社，2017.2
ISBN 978-7-121-30494-1

Ⅰ.①店…　Ⅱ.①陈…　Ⅲ.①商店—商业经营　Ⅳ.①F717

中国版本图书馆CIP数据核字（2016）第288009号

责任编辑：杨　雯
印　　刷：三河市鑫金马印装有限公司
装　　订：三河市鑫金马印装有限公司
出版发行：电子工业出版社
　　　　　北京市海淀区万寿路173信箱　　邮编：100036
开　　本：720×1000　1/16　印张：15　字数：201千字
印　　次：2017年2月第1次印刷
版　　次：2017年2月第1版
定　　价：39.80元

凡所购买电子工业出版社图书有缺损问题，请向购买书店调换。若书店售缺，请与本社发行部联系，联系及邮购电话：（010）88254888，88258888。

质量投诉请发邮件至zlts@phei.com.cn，盗版侵权举报请发邮件至dbqq@phei.com.cn。

本书咨询联系方式：（010）57565890，meidipub@phei.com.cn。

目　录

CONTENTS

第 3 章 店商武器之“离别钩”

第 4 章 店商武器之“多情环”

第 5 章 店商武器之“碧玉刀”

第1章

店商武器之“长生剑”

打好定位牌：知己知彼，百战不殆

“一个人只要懂得利用自己的长处，根本不必使用武功也一样能够将人击倒。”

——长生剑的主人白玉京，古龙《七种武器》

◇ 电商会彻底颠覆店商吗

王健林和马云的世纪赌局

2012 年 12 月，在 CCTV 中国经济年度人物颁奖盛典上，阿里巴巴董事会主席马云与万达集团董事长王健林就“电商能否取代传统的店铺经营”话题，唇枪舌剑，展开激烈辩论。

在主持人的鼓动下，两人意欲豪赌。

马云说：“我先告诉所有的像王总这样的传统零售商一个好消息，电商不可能完全取代零售行业，同时告诉你们，是基本取代你们……另外，今天的电子商务不是想取代谁，不是想消灭谁，而是想建设更加新颖的、透明的、开放、公正、公平的商业环境，去支持那些未来能够成为中国最佳的像王健林这样的企业家。”[1]

面对马云的咄咄逼人，王健林没有丝毫退让，他坚决予以正面回击，称：

1《十年后电商份额能否过半？马云王健林 1 亿对赌》，腾讯科技，2012 年 12 月 13 日。

“电商再厉害，但像洗澡、捏脚、掏耳朵这些业务，电商是取代不了的。我跟马云先生赌一把，2020 年，也就是 8 年后，如果电商在中国零售市场占 50%，我给他一个亿，如果没到他还我一个亿。”[1] 王健林和马云的世纪赌局如图 1.1 所示。

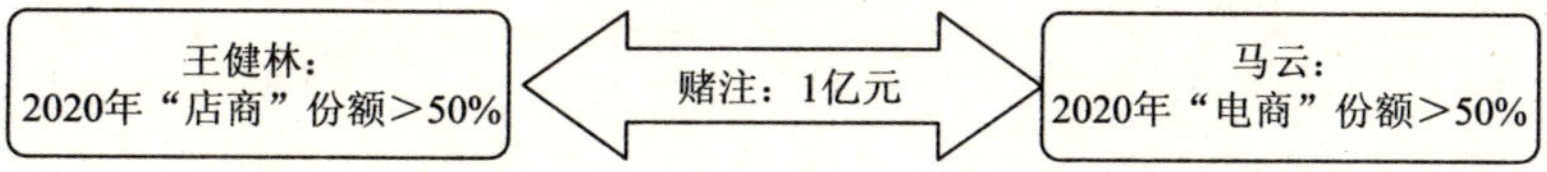

图 1.1　王健林和马云的世纪赌局

这就是当时博取无数眼球的世纪赌局——“王健林、马云对赌一亿”，也是传统“店商”与互联网“电商”之间的公开宣战。

王健林和马云的豪赌，象征意义和娱乐意义要大于其实际意义。

一年之后，2013 年 12 月 10 日晚间，万达集团董事长王健林参加央视活动时，忆及一年前与马云的赌局，称那只是一个玩笑而已，不再坚持赌局。

2015 年，王健林在接受《新京报》采访时再次证实了这一点，“2012 年我跟马云有个赌局，‘十年后电商在中国零售市场的份额能否过半’，当时我持反对意见，现在来看这个赌局本身已经是一个笑话了。那是在电商高速发展的时代产生的一种曲解，以为线上会取代线下。现在再说这个话，会被认为脑袋不好使。线上公司已经努力在往线下走。就像苹果公司的库克先生所说，未来 5 ~ 10 年，单纯的互联网公司全都会死亡。现在看，不只是我不认同，马云先生自己也不认同。所以他在往线下走，我也在往线上走。”[2]

实体店的主体地位从未被撼动

王健林自称不再坚持赌局，如今距两位大佬放出豪言设赌局，已经过去将

1 祝乃娟：《王健林：电商再厉害也替代不了洗澡、捏脚、掏耳朵》，载于《21 世纪经济报道》，2012 年 12 月 14 日。

2 张培明：《王健林走心访谈：与马云赌局现在看已是笑话》，载于《新京报》，2015 年 11 月 12 日。

近4年，我们有必要通过数据的演变来探究一下这场赌局的输赢（见表1.1）。

表1.1 2008—2016年网络零售规模占社会消费品零售总额的比例[1]

年份	网上零售总额/亿元	增速	占社会消费品零售总额的比例
2008	1 281.8	138.4%	1.3%
2009	2 630	105.2%	2.1%
2010	4 610	75.3%	3.5%
2011	7 846.5	70.2%	4.4%
2012	13 040	66.2%	6.3%
2013	18 500	42.0%	7.4%
2014	27 898	49.7%	10.6%
2015	38 773	33.3%	12.9%
2016年1—4月	11 419	25.6%	11.1%

通过表中数据可以看出，目前整个网络零售市场已进入成熟期，主要表现在以下几个方面。

1. 网络零售市场增速趋缓

网络零售市场的增长是伴随着互联网用户的增加而增加的，随着我国互联网普及率的不断提高，互联网普及率已经达到较高的水平（见表1.2）。

表1.2 中国网民的规模及增长情况[2]

年份	网民规模/万人	互联网普及率	增长
2005	11 100	8.5%	N/A
2006	13 700	10.5%	23.4%
2007	21 000	16.0%	53.3%
2008	29 800	22.6%	41.9%
2009	38 400	28.9%	28.9%
2010	45 730	34.3%	19.1%

1 表格根据商务部和国家统计局公开数据整理。

2 中国互联网络信息中心(China Internet Network Information Center，CNNIC)数据。

续表

年份	网民规模 / 万人	互联网普及率	增长
2011	51 310	38.3%	12.2%
2012	56 400	42.1%	9.9%
2013	61 758	45.8%	9.5%
2014	64 875	47.9%	5.0%
2015	68 826	50.3%	6.1%

近年来，网民规模增速递减，过去网络零售依托网民人口红利实现的高增长也随之递减。2016 年第一季度，增长速度已经调整到 25.6%，预计未来 3 年网络零售市场的整体增速还会进一步下降。

2. 网购渗透率达到较高水平

网络零售从零起步，自 2008 年起进入高速增长阶段，到 2014 年网络零售规模占社会消费品零售总额的比例首次突破 10%。2015 年，这个纪录再一次被刷新，达到 12.9%。

这是一个什么概念呢？我们来做一下横向比较（见表 1.3）。

表 1.3　2015 年全球零售电商指数 [1]

Country 国家	Rank 排名	Change in rank versus 2013 相对 2013 年的排名变化
United States（美国）	1	+2
China（中国）	2	-1
United Kingdom（英国）	3	+1
Japan（日本）	4	-2
Germany（德国）	5	+1
France（法国）	6	+1
South Korea（韩国）	7	-2
Russia（俄罗斯）	8	+5
Belgium（比利时）	9	+15
Australia（澳大利亚）	10	-1

1 美国科尔尼管理咨询公司（A.T. Kearney）数据。

根据表 1.3 的统计数据，可以看出我国的零售电商已经达到较高的发展水准，排名在很多发达国家之前。

3. 移动网购迅猛发展

智能手机的普及和移动互联网发展的高歌猛进，网购开始由 PC 客户端向移动终端高速转移，移动终端网购交易规模逐年攀升（见图 1.2），已经占据网购规模的半壁江山。

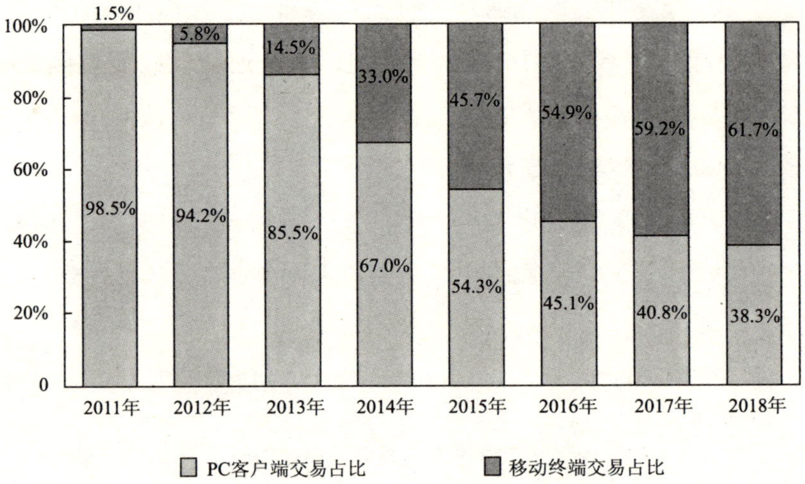

图 1.2　2011—2018 年中国网购交易规模 PC 客户端与移动终端占比（含预测数据）[1]

根据艾瑞咨询发布的 2015 年全年电商统计数据，中国移动终端网购交易规模首次超越 PC 客户端，达到 55%。这一趋势，值得零售从业者重视。

4. 实体零售的主体地位并未被撼动

经过近 10 年的高速发展，中国网络零售规模已突破社会零售总额的 10%。如果换一个视角，我们会发现其余接近 90% 的蛋糕依然被传统实体零售所掌控，而在 2016 年第一季度网络零售在社会零售的占比首次出现下降。另外，由于传统实体零售额基数庞大，只须保持稳定增长，则

1 艾瑞咨询根据公开数据和艾瑞统计模型核算。

可与网络零售此消彼长，在未来保持一个相对稳定的市场格局。可以预见，在未来几年，网络销售增长后劲已显疲态，难以再现往年的高速增长盛景。

根据这些统计数据、判断及预测，到 2020 年，网络销售规模突破社会零售规模总额 50% 的可能性，微乎其微。

电商与店商的界限越来越模糊

实体零售的主体地位未被动摇，是基于统计数据。而统计数据并非绝对准确，统计对象有其监控不到的盲点和例外情况。

何为例外情况？

1. 实体店的"展厅现象"

因为电商具有价格优势，所以很多消费者都会先去实体店体验产品后再在网站上下单，使实体店一度沦为电商的"展厅"，顾客成了"线下选、线上买"、只看不买的"打样"族。这种现象也被称为"展厅现象"。

2. 线下逆袭的"反展厅现象"

电商的繁荣培育了消费者，面对电商各种营销噱头、各种换汤不换药的促销方式以及层出不穷的网购陷阱，消费者对于网络购物的态度也日趋理性，消费市场因此出现"反展厅现象"，即消费者在网上搜索对比产品后，最终前往实体店购买。

来自 eMarketer 全球零售市场新指数显示，2015 年美国近八成的消费者更喜欢在实体店购物，网购的零售收入占比只有 6.5%。另有 70% 的全球受访者表示，他们在网上浏览产品，但决定在门店购买。[1]

在趋于理性和追求品质生活的国内消费者中，反展厅现象也在蔓延。

---

1 胡潇予：《比价格拼体验家电卖场逆袭电商》，载于《潇湘晨报数字报》，2015 年 11 月 5 日。

例 1

李女士是一名购物达人，2015 年“双十一”期间，在某家具旗舰店，看中一款真皮沙发，标价 6 880 元，选择送货上门并安装还需另交 200 元。李女士没有贸然下单，她发现同品牌同款沙发在实体店的标价也是 6 880 元，还可以享受 9.7 折优惠，而且免费送货上门安装。

经过对比，李女士选择去实体店购买，优惠力度更大，节省了安装费用，送货安装效率更高，在实体店购物的性价比已经超出了网购的性价比。

例 2

陈先生在某购物网站看中一款阿迪达斯 T 恤，标价 169 元，低于通常的商场专柜标价，高于网上横行的仿品价格。他担心网购买到高仿商品，便到商场专柜找到了同款，发现打折后价格为 179 元。

陈先生毫不犹豫地选择了实体店购买，一来专柜优惠力度很大，二来不用担心买到假货，还能试衣体验，当即提货。至于那 10 元的差价，在陈先生看来几乎可以忽略不计。

3. 电商与店商的界限日渐模糊

上述两种情况，尽管同时涉及线上线下，但最终的成交方比较容易界定，或者是“电商引流，店商成交”，或者是“店商引流，电商成交”。

另有一种情况，线上线下商家高度融合，甚至合二为一。这样，无论消费者选择何处成交，最终的收益都归属同一方，从而实现了“一对一”的精确引流。

比如，消费者前往某商场的 ONLY 专柜，发现一款外套但店里却没有适合自己的尺寸，于是在店员的推荐引导下在该品牌的天猫官方旗舰店下单。某模型玩具店通过微信朋友圈发送商品信息，消费者看到信息选择了网上支付、快递上门的购买方式。以上交易模式，从统计学上已经很难辨别出成交的实际归属方为电商还是店商。

如此，我们便不难理解王健林“现在来看这个赌局本身已经是一个笑话了……他（马云）在往线下走，我也在往线上走”这番话的含义了，电商和店商的界限开始模糊，单纯对比统计数据上的市场份额，意义有限。

通过“反展厅现象”，可知实体商业面临的困局远没有想象的那么糟糕，甚至开始触底反弹，奋起反击。

另有一个值得关注的迹象是，曾经将实体店逼得几无退路的电商巨头，而今突然纷纷选择站到了自己的对立面。

据报道，电商巨头亚马逊的首家线下实体书店——位于西雅图的“amazonbooks”线下书店，已经于2015年11月3日正式对外营业[1]。“amazonbooks”展示出来的都是好评度在四星以上的图书，当顾客扫描其二维码后，就可直接从手机上看到其他用户对图书的评论。

这是亚马逊“逆袭线下”的第一步，目的是离消费者更近。

在中国，阿里巴巴、京东、当当、聚美优品等，也都纷纷从线上走到线下，争相开设实体店。2015年11月24日，当当宣布在3年内开设1 000家实体书店，将涵盖MALL店、超市书店和县城书店等多个类型。当当第一家实体书店布局长沙，占地1 200m^2，且线上线下同价。[2]

从这番阵势看来，实体店大有复苏之势。

理性审视“关店潮”

2015年11月12日凌晨，阿里巴巴集团宣布，旗下各平台“双十一全球狂欢节”单天实现总交易额912亿元，其中来自移动端的订单高达68%。

自2009年阿里巴巴集团开始策划“双十一购物节”以来，从最初的5 200万元销售额，到2015年的912亿元，短短7年间，实现了将近2

1 陶娅洁：《网购时代，实体店“逆袭”有道》，载于《中国产经新闻》，2015年11月10日。
2 王付娇：《当当网宣布3年内开1000家实体书店》，2015年11月24日。

000 倍的增长（见图 1.3）。

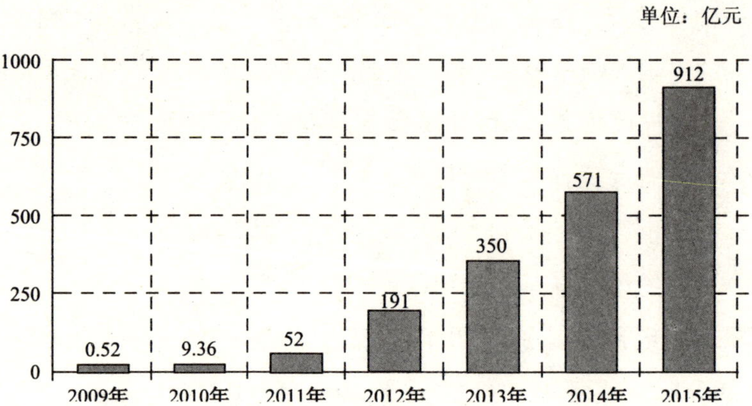

图 1.3　阿里巴巴 2009—2015 年“双十一”的销售额

有人欢喜有人愁！在阿里巴巴集团“双十一”网购狂欢节创造近千亿元销售神话的 2015 年，各大财经媒体的报道中开始出现一个新词汇——“关店潮”[1]，它深深地刺痛了传统零售从业者。这些报道并不是捕风捉影、空穴来风，传统实体零售业确实在经历关店的阵痛（见表 1.4）。

表 1.4　实体零售业不完全关店名录（截至 2015 年 8 月）[2]

业态	企业	关店数量	原因分析
百货	百盛	2012 年 —2015 年 8 月，关店 8 家	商业模式创新缺失，面对环境改变，未及时做出适应性调整
	玛莎百货	2015 年 8 月前关闭其在中国 15 家门店中的 5 家	直接把英国模式照搬到中国，水土不服，消费者不买账
	华堂商场	关闭北京 4 家亏损门店	错失最佳变革时期，优秀的供应商离开
	万达百货	关闭 10 家门店，部分商场压缩经营楼层	百货是万达集团其他业务板块的交叉补贴式利益输送方，赢利能力被置于第二位
	津乐汇	关闭最后一家门店	受购物中心（重体验）和电商的双重冲击

1 从 2013 年开始，国内实体店出现关店潮。按国家统计局 2014 年统计年鉴显示，全国大型超市门店总数仅在 2013 年就减少了 2 567 家，全国月均关店 214 家。直到 2015 年上半年，关店潮仍有愈演愈烈之势。

2 《风光无限与落寞关店之间，只差了一个 BAT 入股！线下零售关店潮最新最全阵亡名单》，2015 年 8 月 11 日。

续表

业态	企业	关店数量	原因分析
超市	卜蜂莲花	2014 年关闭 2 家店，2015 年计划新开 5 家店	布局失利，导致规模及协同效应难以体现，属于策略性调整
	乐购	关闭山东省的 6 家商城	与华润万家合并后，华润计划策略性关闭 10% 的乐购店铺
	沃尔玛	将关闭 30% 的中国门店	市场反应速度不如本土超市，政府给予的租金优惠政策到期，运营成本攀升
服装鞋帽	佐丹奴	2014 年关店 190 家	受电商冲击及内部店铺重组
	波司登	2014 年关店超过 3 000 家	品牌溢价有限，利润微薄。波司登贴牌加工的 BOSS、GAP 等洋品牌蚕食了本属于波司登的市场份额
	百丽	2015 年一季度减少 167 个零售网点	市场竞争激烈、成本上涨、电商冲击，企业单纯规模化、新模式难以适应新的市场形势
餐饮	麦当劳	2015 年中国计划关闭 80 家门店	关停的对象为经营不佳、赢利能力欠缺的门店
	金汉斯	沈阳关闭 5 家门店，北京仅剩 2 家门店	管理不善，跟不上门店的快速增长，标准化运营执行乏力，流于形式

“有一千个读者，就有一千个哈姆雷特[1]”，这句艺术名言强调的是读者对艺术的理解和再造。读者是各不相同的，他们有着各自独特的阅历和生活体验，因此，会想象出各种个性化的哈姆雷特来。

关闭的 1000 家门店背后，必然存在着 1000 种甚至更多的原因。对于传统实体零售业出现的“关店潮”，应理性分析背后的原因，而非一股脑儿地将其归因于电商的冲击。

正如图 1.4 所示，每家关停的实体店都有各自的难言之隐。

1 《哈姆雷特（Hamlet）》是由英国著名剧作家威廉·莎士比亚于 1599 年至 1602 年间创作的一部悲剧作品。

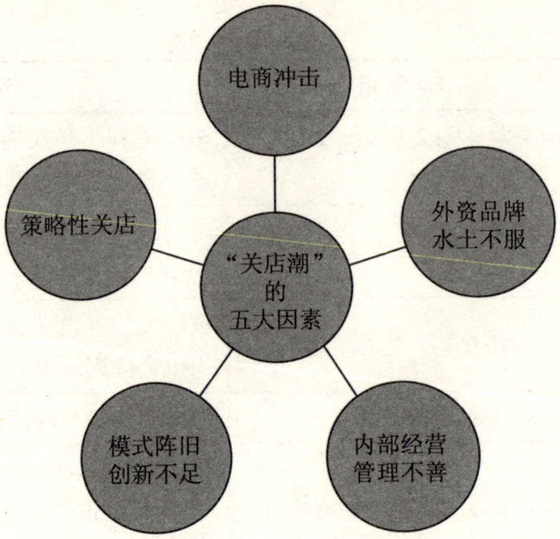

图 1.4 “关店潮”的五大因素

开店潮：关店潮的背后是新兴零售在崛起

“乐观者在一场灾难中看到一线希望，悲观者从一线希望中看到一场灾难。”[1] 用这句话来形容电商冲击和关店潮之下的零售业者，再恰当不过了。行业洗牌之际，乐观者在危机中看到了希望，觅到了商机，成功转型升级，强化了竞争优势；悲观者眼中则充满了绝望，错失发展调整机遇，踌躇观望，因循守旧，终被淘汰出局。

我们看到，即使在传统实体店关店潮最严重的 2015 年，在关店潮的背后，则是更多新兴力量的崛起，这股涌动的暗潮，蔚为壮观，称之为“开店潮”也不为过。

当实体店惨淡经营之际，一家名为“名创优品”的实体店品牌却逆势发展，销售商品以 10 元、20 元的精品为主，祭出“优质低价”的撒手锏，两年间开店高达 1 100 家。与门可罗雀的传统卖场相比较，“名创优品”店内总是人潮涌动，100 m^2 的门店月流水可达 100 多万元，年总营

1 英国谚语。

业额已突破 50 亿元，在零售业的寒冬中独树一帜。[1]

良品铺子，一家专注做零食零售的企业，在电商攻城略地时代，竟异军突起，另辟蹊径。2015 年新开线下门店 800 家，总门店扩张至 2 000 家，实现销售收入 45 亿元。企业花重金请黄晓明做代言，将广告做到了美国时代广场，老板扬言要将门店开到全世界。[2]

海澜之家，一家专门做男装的服装品牌，成立于 2002 年。如果说零售业是受互联网冲击最惨烈的行业，那么服装店在零售业中则是首当其冲，就是在这样一个从业者哀鸿遍野的细分领域，海澜之家也实现了逆转。2015 年上半年，海澜之家的营业收入为 79.3 亿元，同比增长 39.6%；上半年新开门店达到 207 家，门店总数达到 3 382 家，较 2014 年同期增长了 6.89%[3]。

实体书店受互联网和电子书的冲击的惨烈程度丝毫不亚于实体服装店。即使这个领域，仍然不乏顽强的店主逆流而动。在成都，西西弗书店、今日阅读书店、轩客会 · 格调书店等创新融合品牌书店，忽如一夜春风来，开遍各大商场、综合体和社区。2016 年 4 月 30 日，西西弗书店位于成都的第八家分店开业，据《西西弗 · 城市编年史》显示，仅 2015 年一年，西西弗书店的版图就扩张到了 6 个新城市；作为四川省本土的书店品牌，今日阅读书店在成都开设 18 家分店，而轩客会 · 格调书店的数量则接近 20 家。[4]

此外，在服装领域，以优衣库、ZARA 等为代表的创新型生活方式集合店，也都在逆势加速扩张，成为各大商场的主力店。在餐饮领域，本

---

1 李文萍：《实体店逆袭电商范例：名创优品 2 年 1 100 家店年营业额 50 亿》，2015 年 11 月 24 日。

2 金错刀：《关店潮下，最牛零食铺却开 2 000 家，只因豪赌三件事》，2016 年 2 月 16 日。

3《同行陷入关店潮，海澜之家却在半年开店 207 家》，亿欧网，2015 年 10 月 19 日。

4 张良娟：《成都连锁书店涌现开店潮，最美书店怎样一直美下去？》，载于《四川日报》，2016 年 5 月 13 日。

土快时尚餐厅迅速崛起，外婆家、小南国、苏浙汇、盘古餐饮、57℃湘、海底捞火锅等潜力企业甚至有望成长为全球性的餐饮集团。

且不论关店潮本身是不是一个伪命题，我们看到，各个领域的实体店已经隐隐打响了一场声势浩大的“店商反击战”，寻求差异化生存之道。

中国国际贸易促进委员会研究院研究员赵萍在接受《环球时报》记者采访时，[1]提到了一个“实体零售反击战”的概念。

店商反击战是一个很有研究价值的课题，在电商热潮汹涌的当下，实体店本身有着电商不可比拟的“消费者亲身体验”优势，加上实体店与生俱来的与电商抗衡的基因，当然不会就此走向没落。

电商会颠覆店商吗？

通过前文分析，能够得出几个结论。

1. 实体店的主体地位难以动摇

我国电商的发展已经到了相对成熟的阶段，增速递减，可以预见的是，在未来一个相当长的时期内，电商都难以撼动店商的主体地位。

2. 电商与店商、线上与线下界限越来越模糊

移动互联时代，电商在布局线下，传统店商也在进军线上，线上与线下已经开始融合。O2O[2]将是零售的未来，这已成为行业的共识，实体零售商也都在投资打造线上线下融合的多渠道以及数据设施，甚至呈现后来居上的态势。

---

1 孙秀萍：《低价实体店“零售反击战”，显逆袭电商之势》，载于《环球时报》，2016年1月30日。

2 O2O即Online To Offline（在线到离线/线上到线下），是指将线下的商务机会与互联网结合，O2O全渠道，即线上线下一体化系统，意为所有的线上线下解决方案全部涵盖在内。

3. 线上线下将共生共存，优势互补

实体零售商的高度真实性、重体验性，是电商所不具备的，也是其无法替代的。未来的电商与店商将共生共存，正如王健林所言：“我觉得不是胜负，我觉得双方（电商和店商）都能活。”[1]

4. 关店潮的负面效应被过度渲染

关停的实体店固然有电商的冲击，但更多是死于“内伤”，而不是互联网的冲击。而在关店潮的背后，开店潮也当仁不让，一些经营有方、与时俱进、定位合理的实体店，在互联网时代仍在大放异彩。

店商不会被电商所颠覆，实体店更不可能消失。当然，坚定和乐观的中国实体零售店依然是未来的主流渠道，并不意味着排斥互联网，故步自封。

修炼内功，与时俱进，打造差异化竞争优势，是传统实体零售业者应该持有的姿态。

需要注意的是，互联网之于传统企业、传统零售，扮演的更多的是工具的角色。就像第一次工业革命中的蒸汽、第二次工业革命中的电力，首先掌握这些新能源的企业会具备先发优势，成为创新型力量。而当所有的企业都掌握了这些资源之后，它们将变身为最基本的工具、最基础的生产资料。

互联网时代，当所有的企业都完成互联网转型，当所有的零售业都实现 O2O，实现线上与线下的高度融合时，零售业将不再有电商和店商之分，零售也将回归零售的本质。

五星电器副总裁景星的观点很有代表意义，在他看来，“互联网的精髓是以消费者为中心研发自己的产品，‘O’（O2O）只是表现形式，零售商要回归零售的本质。价格、服务、购物体验、产品组货和便利等零售

1 2012 年度“CCTV 中国经济年度人物”颁奖仪式上，王健林与马云的对话。

五要素中必须具备一到两个专长，同时尽力补足短板。”[1]

◇ 电商痛点：电商何以倒戈线下实体店

烧钱无底线，迟迟不赢利

风投界有一句口号，叫作“你烧青春我烧钱”，烧钱的是 VC（风险投资），烧青春的则是创业者，他们要拿着 VC 的钱玩儿命干，大家一起跳火坑，做成了，大家一起赚，做不成，血本无归。

烧钱在互联网行业已经成了一种必然，甚至是一种时髦。互联网公司的赢利模式各不相同，有的靠广告，有的靠卖产品，有的靠收会员费，有的靠做增值服务。但不论何种模式，若想赢利，必先烧钱。

电商疯狂烧钱，有其理论依据。

1.“边际效应”

何为边际效应？通过图 1.5 可以很直观地进行理解。

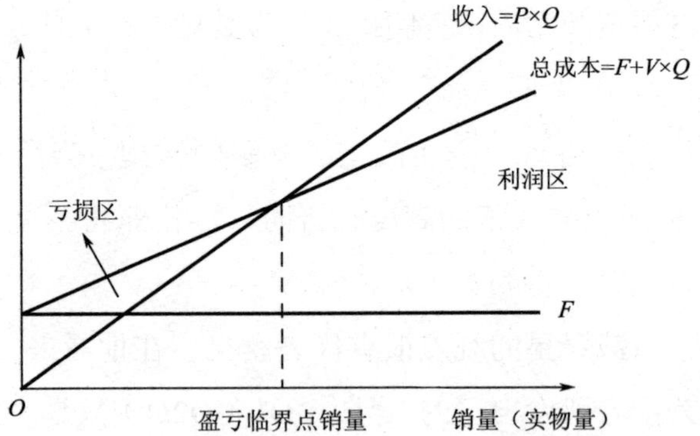

图 1.5 “边际效应”示意

“边际效应”对于“互联网公司烧钱”的指导意义在于现金储备 + 融

1《实体店零售渠道不可替代，9位零售大佬这样说O2O》，中国商网，2015 年 11 月 6 日。

资额度，只要能熬过亏损区，成功跨越盈亏临界点，那么，之后的日子将会非常舒服。

在互联网寒冬，新浪的季度亏损一度高达上千万美元，但通过各种渠道融资，新浪成功支撑到了盈亏临界点。2002 年底，新浪宣布盈利，拨开云雾，终见艳阳天。

2. 幂次法则[1]

什么是幂次法则呢（见图 1.6）？

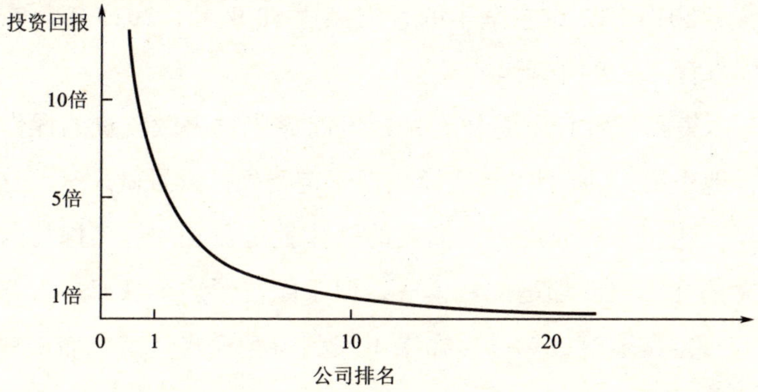

图 1.6 幂次法则

所谓“幂次法则”，简而言之，就是赢家通吃。行业中排名前列的几家公司会攫取 80% 以上的利润，行业第一名赚取的利润往往要大于其余所有市场参与者的利润之和。即公司排名越靠前，市场地位越稳固，投资回报率越高，利润越丰厚。

中国电商的烧钱冲动始于 2010 年，这一年 VC 开始对中国电子商务领域大举投资。2011 年，国内电商市场融资额度首次突破 200 亿元。

靠烧钱来拼市场，理想很丰满，但现实却相当骨感，甚至有些惨烈，大肆烧钱的结果有以下几个副作用。

1 “幂次法则”也叫作“80-20 法则”，由经济学家维尔弗雷多·帕累托在 1906 年提出。

1. 赔钱赚吆喝

据公开资料显示，2012年至2014年间，几乎每年都有不下10家电商企业获得超过千万美元级别的融资。

电商不是因为钱多了才“烧钱”，他们进行资本对垒的根本目的在于“占坑”，有了“坑”才能谈盈利。因此，我们看到国内电商陷入了“砸锅卖铁”、用真金白银换流量、“赔钱赚吆喝”的怪圈。

以烧钱最狠的京东为例，它更是连年亏损。2013年，京东运营亏损5.79亿元；2014年，京东全年的亏损额达50亿元；2015年，京东财报显示亏损额竟高达94亿元。

在万达集团董事长王健林看来，电商靠烧钱来做流量的操作模式是错误的，他表示：“所谓的烧钱模式，一定要先把流量做起来。这个想法完全错误，违背了商业规律。商业的铁律就是盈利才能支撑持久。中国最早成功的几个电商都是烧钱模式，似乎颠覆了这个铁律，大家就认为中国电商一定是要烧钱。错，如果不找到盈利模式，完全靠烧钱，肯定活不成。”[1]

2. 烧钱也烧不出未来

在“幂次法则”之下，赢家通吃，输者血本无归。

在每个互联网垂直细分领域，通常只有一到两个机会，比如综合类电商，第一名是淘宝（含天猫），第二名是京东，第三名呢？不知道。再看化妆品类垂直电商，第一名是聚美优品，第二名是乐蜂网，第三名呢？不知道。再比如分类信息网站，第一名是58同城，第二名是赶集网，第三名呢？同样不知道。每个细分领域都是这种情况，从行业第三名往后，要么等着被收购，要么等死。包括近两年风靡一时的生鲜电商，参与者基本都是在靠“烧钱”来艰难维持，99%的生鲜电商都处于亏损状态，

---

1 林其玲，郭永芳：《王健林：电商烧钱是个错误模式》，载于《新京报》，2015年12月3日。

更绝望的是，烧钱也依然烧不出未来。

真格基金创始人徐小平说：“互联网上的竞争成本很大，经过几轮洗牌，九成的中小电商都死了。”与此同时，巨头们也因“烧钱”而骑虎难下、深陷泥潭，任性“烧钱”之后，还有更“骨感”的现实必须去面对。

转化率难有实质性突破

转化率是衡量电商运营效率的一个重要指标，是电商内功修炼的一个识别标签。它是千万个线上卖家最关注的，也是他们朝思暮想渴望提升的一个指标。电子商务转化率的公式如下：

电子商务转化率 = 交易次数 / 访问数

电子商务转化率指的是实际成功下单的顾客在总体访问流量中的比例。国内电商的一个共同痛点是转化率普遍偏低。通常，国内电子商务网站的转化率都在 2% ~ 3%，也有很多网站能远远超过或低于这个平均值。2% 的转化率意味着网站每迎来 100 位访客，最终才能有 2 位是下单顾客（交易达成）。

图 1.7 可以直观显示出国内知名电商的转化率。对于消费者而言，一些低价值的小宗商品，通常不需要太多犹豫，可以直接下单购买，比如图书。一旦遇到价值数千元甚至上万元的数码产品、家电产品，就会非常慎重。这也是以图书销售为主的当当网转化率要高于其他电商网站的原因，但即使如此，当当网的转化率也只有 2.4% 左右，属于较低水准。

电商最终都是以赢利为目的。在网站没有排名、没有流量的时候，电商主要致力于通过做排名来引流量。等网站排名有了，流量也有了，却发现转化率跟不上，最终的转化结果不理想，无论如何运作，转化率也难有实质性提升。

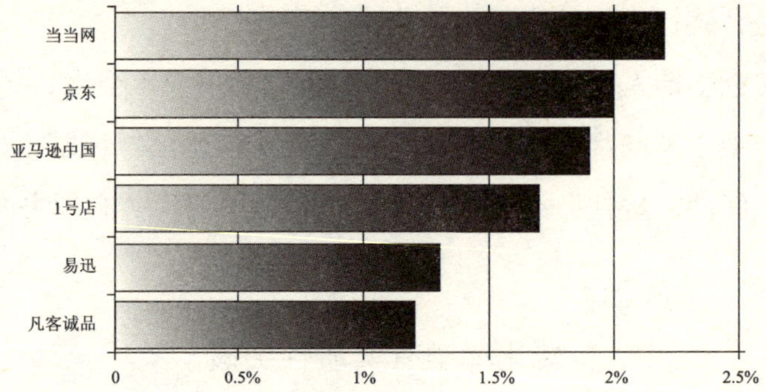

图 1.7 2014 年第三季度中国自营 B2C 网站转化率排名[1]

事实上，电商访客的购买决策受到诸多因素的影响。比如，电商网站设计、导航设置、商品展现、单品价格、活动焦点、客户服务、导航清晰度、操作便利度、历史评价等任何一个环节都有可能招致访客不满，愤而离去。

以上环节就像一个漏斗（见图 1.8），将大量用户筛了出去，电商最终得到的是两个数据，即高弹出率和低转化率。

总的来说，消费者最终放弃在电商网站下单的根本原因有三个：第一，价格因素；第二，安全担忧；第三，网站体验。

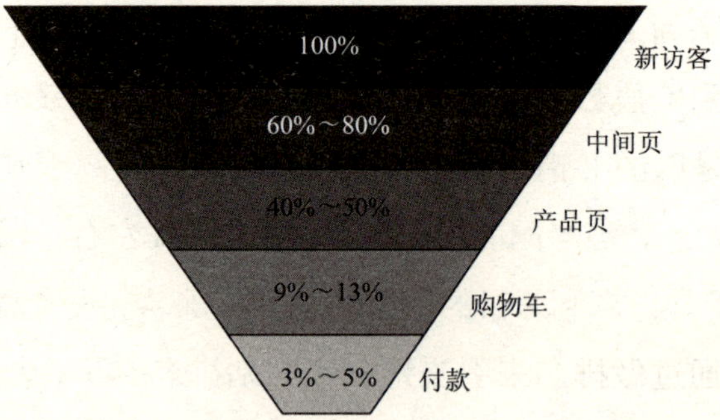

图 1.8 网购转化“漏斗”

1 易观国际统计数据。

用户体验的真空地带

针对低转化率，各大电商使出了浑身解数，成效也不太明显，根本原因在于，相较于实体店购物，网购在用户体验上有着天然的劣势——存在用户体验的真空地带。

回顾一下前文内容，我们提到包括亚马逊、当当、京东、聚美优品等在内的电商巨头，纷纷进军线下，开设实体店和体验店。目前，这个阵容正在进一步扩充，三只松鼠、御泥坊、阿芙精油等知名电商品牌也在加速布局线下体验店。

对消费者而言，诸如电器、化妆品、服装、通信器材、摄影器材这样的商品，用户体验的优劣会决定购买转化率。网络电商是平面化的"二维空间"，传统的实体店则可谓是现实中的"3D 世界"。一些商品在网上展示未必会受到特殊关注，一旦陈列在实体店里，却能产生较强的"吸睛"效应。

据埃森哲最新调查数据显示[1]，零售市场出现了"重返实体店"的迹象。在未来，零售商打算将通过实体店进行购物的消费者比例从 2015 年的 18%提升至 26%。

调查中，有 93%的消费者表示实体店购物"非常方便 / 方便"，远远高于网络的 75% 和移动设备的 61%。从购物体验和便捷性的角度看，实体店对于电商有着压倒性优势。这就是体验经济的魔力，而体验恰恰是电商平台的硬伤，体验经济也是倒逼电商转战线下的根源。

"茵曼"是一个电商女装品牌。2011 年，"茵曼"夺得"双十一"天猫女装销售冠军。这一年，颇有先见之明的"茵曼"创始人方建华，就已开始尝试在北方部分二三线城市布局开设实体店。

"茵曼"增加线下战场，出于两方面考虑。

第一，经过高速发展的淘品牌增速趋缓，逐渐平稳。优衣库、波司

1《谁说实体店被冲击？"关店潮"不是消亡》，金陵热线，2016 年 4 月 7 日。

登、欧时力、ONLY 等传统服装品牌先后逆袭线上，纷纷开设天猫、京东旗舰店，线上竞争日渐激烈，单品牌流量被分散。与此同时，淘宝、天猫、京东等电商平台的营销、管理费用与日俱增，冲淡了商家的利润。

第二，开设实体体验店解决了消费者网络购物中的痛点——用户体验不足。方建华称："电商的客户体验做得再好，也会有 15% 左右的退货率，这不是质量问题，而是尺码不合适、颜色有差异、身材差异、视觉效果差异等。"

实践证明，实体店的体验式经济，能够更好地打动顾客，有效地提升转化率。以"茵曼 +"上海体验店为例，就达到了 65% 的试穿转化率。而"茵曼"即便是在"双十一"期间，线上渠道也仅仅只有 6% 的转化率。这要归功于"茵曼"对线下体验店进行的商品陈列位置、购物动线、灯光效果等方面的优化调整。[1]

"逛街是一种生活方式、精神消费，不是落伍的休闲。"上海市消费者权益保护委员会副秘书长唐健盛说。[2] 相对于部分喜欢"宅"在家里进行网上购物的消费者，更多的人喜欢到商场、实体店，边逛边买。线下商业能满足消费者集购物、娱乐、休闲、饮食、出游于一体的社会性需求，满足消费者拥有商品的即时性需求，便于消费者进行面对面选购，大大提升购物体验。这是电商所不具备的空白区，是电商在购物体验上的"先天劣势"。除此之外，各大电商网站出于自我利益的考虑，纷纷设置了一些人为的购物障碍，也大大降低了顾客的购物体验。

随着 BAT 三大互联网巨头加速在国内市场的布局，各大电商纷纷"站队"，被三大巨头或入股或并购，随之而来的除了日益激烈的竞争外，还有加速割裂的网购格局。比如，淘宝屏蔽了百度的搜索抓取，而在京东购物再也不能用支付宝付款，淘宝和微信也开始相互屏蔽……在最关键

1 刘琮：《茵曼：打造另类线下体验店，渠道融合圈客户》，载于《中国连锁》，2015 年 12 月 31 日。

2《深度解析实体店是否还有未来》，载于《人民日报》，2015 年 7 月 20 日。

的购物支付环节，百度系电商大力推广百度钱包，腾讯系电商强行绑定微信支付，阿里系电商则当仁不让地首推支付宝。

这些举措，人为地设置了用户的购物障碍，使网购体验更加恶化。据观察，有不少消费者都是由于支付不畅，支付工具的不匹配，愤而放弃网络购物。

让人头疼的顾客忠诚度

“顾客忠诚是人们内心深处拥有的一种情感投入，不管环境因素如何变化，也不管市场上存在什么样的吸引顾客做出行为改变的促销措施，人们在这种情感投入的驱使下，在未来，不断地重复购买相同品牌或者相同品牌旗下的商品。”这是营销专家理查德·奥利弗教授对于顾客忠诚的描述。在商业行为中，顾客忠诚度有四个层次（见表 1.5）。

表 1.5　顾客忠诚度的类型

忠诚度的类型	描述
冲动型忠诚	基于意向，这类消费者购买决策过程比较简单，易受外界因素影响，尤其是价格促销。冲动型忠诚者很轻易就能被竞争对手更优惠的价格吸引过去
认知型忠诚	基于信息，比较理性。消费者更像一个产品专家，他们的购买行为是基于商品的功能特性、技术特性和性价比等综合信息。一旦市场上出现更好的产品，他们也乐于去了解、对比、尝试
情感型忠诚	基于偏好，消费者因为喜欢而购买，购买决策主要取决于消费者对企业和企业产品的态度。比如，哈雷摩托的发烧友会一直保持对哈雷摩托及其周边产品的强烈购买渴望
行为型忠诚	基于行动，消费者形成了一种购买惯性，哪怕需要付出一定的精力，克服一些障碍，也要去购买喜好的产品，比如一些“果粉”为了购买苹果公司新发布的产品而甘愿彻夜排队

认知型忠诚和行为型忠诚要比冲动型忠诚和情感型忠诚更加理性。其中，冲动型忠诚的忠诚度最低，维系时间较短；行为型忠诚的忠诚度最高，持续时间长，是最让企业和商家梦寐以求的忠诚度类型。

统计数据显示，商家发展一名新用户的成本是挽留老用户的 3 ～ 10 倍，向新顾客推销产品的成功率只有 15%，而向现有忠诚顾客推销产品的成功率则高达 50%。

致力于提高顾客忠诚度，是商业经营的重要辅助手段。在 20 世纪 80 年代，顾客忠诚度计划被美国航空公司（AA）率先引入，此后，在金融、零售、电信、酒店等行业遍地开花。商家旨在通过顾客忠诚度计划，来吸引那些最有价值的忠诚顾客（见图 1.9）。

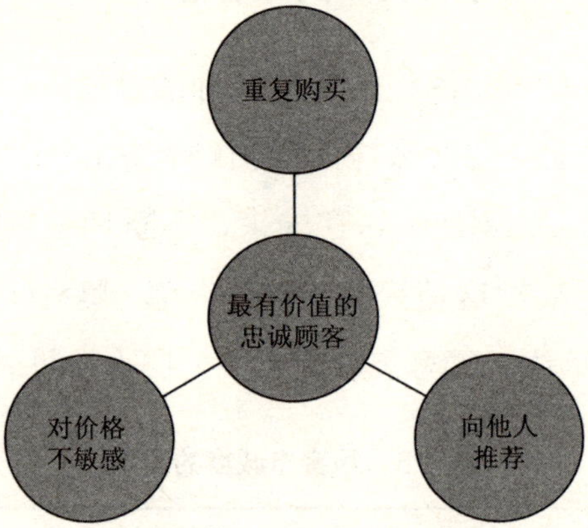

图 1.9 顾客忠诚度的衡量指标

国内消费者选择线上购物，基本还都停留在“冲动型忠诚”层面，消费者只对价格敏感，部分消费者只忠于产品、忠于品牌（少数强势品牌，如耐克、苹果等），而极少有人忠于电商平台。造成这种局面的因素有以下几个方面。

1. 电商频频打价格战

随着 B2C 竞争日益激烈，加上国内网购人群缺乏忠诚度，同时由于产品同质化严重，价格战就成为了一种最直接的营销工具，成为电商营销的一种常态。

据了解，在 2012 年“双十一”“双十二”期间，国内九大 B2C 电商（京东、亚马逊、当当、苏宁易购、1 号店、易迅网、库巴购物网、新蛋、国美）纷纷开打价格战，促销商品覆盖率超过 80%。价格战能够带来短流量激增，同时也会带来持续价格战、顾客丧失忠诚度的恶性循环。

2. 电商产品同质化严重

各大电商平台，经营产品同质化严重。以往，消费者的购物习惯是“买图书去当当，买电子产品去京东，买化妆品去聚美优品……”如今，这种界限早已经模糊，电商平台纷纷追求“大而全”，吸引顾客最有效的手段就只有价格战。同质化竞争带来的局面往往是，消费者想要购买一本书，极有可能会因为 5 毛钱的优惠就从“当当”转到“京东”。

3.“低价—劣质—低忠诚度”的恶性循环

被电商拿来进行价格促销的商品通常有两种。一种是过时的库存积压品，虽然质量没有太大问题，但款式相对过时。一家品牌企业的老总非常直白地表示，他们参加“双十一”主要目的是为了清库存。“为什么不拿新品做促销？主要是价格高，价格高消费者就不买账。”[1] 另一种是线上定制款，其款式虽然号称与专柜一样，但商品的用料和专柜有很大的差别，网上的款式原料成本相对较低。这种商品当然难以达到消费者期望值，无形中会降低其购物体验，忠诚度更是无从谈起，进而陷入一种恶性循环。

日渐攀升的运营成本

中国电商早期的快速发展，主要得益于低成本。早期的互联网电商有“三个零”的说法：零成本、零时间、零空间。

电商初期的低成本，主要得益于电商平台的免费流量引导，比如，淘宝网早期就通过免费流量捧红了一大批淘品牌。如今，这些淘品牌失去免费流量支持后，普遍进入发展瓶颈期，只得花钱买流量。

1 齐媛媛：《消费者为啥对品牌忠诚度不高？》，载于《半岛晨报》，2016 年 7 月 12 日。

通常，电商由于没有店面、没有过多的中间环节，而享有得天独厚的成本优势。但如今，这种优势已不再。我们来看一下传统实体商业和电商的成本构成（见图 1.10 和图 1.11）

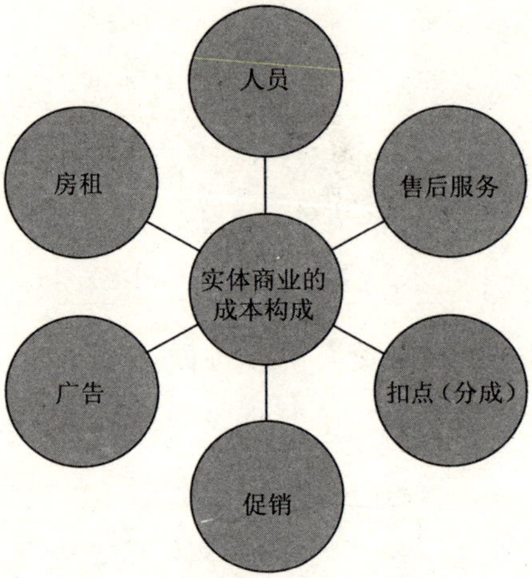

图 1.10　实体商业的成本构成

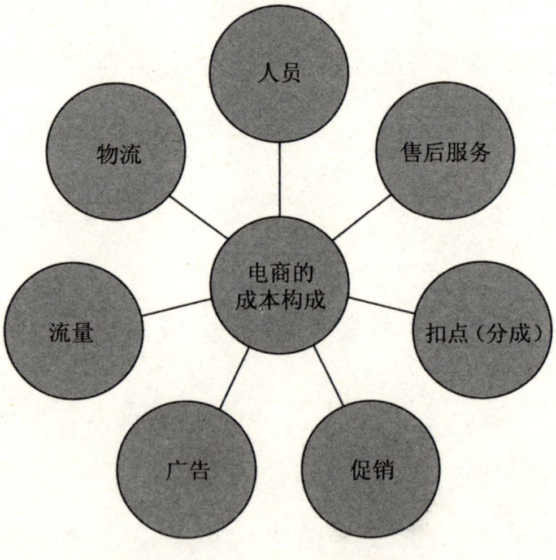

图 1.11　电商的成本构成

通过图 1.10 和图 1.11 的对比，可以发现，在既定的商品和商业模式下，影响传统实体商业绩效的主要外部因素是地段与租金，影响电商绩效的主要外部因素是流量成本和物流成本。

而租金和流量成本的变化，正影响着传统商业和电商成本的变化。现在来看，传统实体商业的租金上升速度已经大大减慢。与此相反，电商的流量成本却越来越高，再加上物流成本，已经迫近黄金交叉点。电商成本一旦突破黄金交叉点，成本就要高于传统商业，电商的发展势头就会受到遏制。

这并非危言耸听，不论是平台综合电商还是垂直电商，或者寄生于各大平台的中小型电商，要获得流量，必须支付宣传费用，而电商产业结构的特点决定了流量成本将会越来越高。

大家普遍认为的电商成本低，如今已是一个伪命题。对此，苏宁集团副董事长孙为民曾表示：“比如大家普遍说网购便宜，为什么？因为效率高。但其实这是一个伪命题，是经不起推敲的。（电商）成本并不低。尤其是做小件商品或者单价在一定的范围内的商品，可以说线上没有优势可言。以图书为例，一本 30 元的书，打七折销售之后是 21 元，以做得最好的同城物流来算，一本书运费大概 3 元，那么还剩 18 块。然而这是以最低物流成本计算的，一般平均的物流成本是 6 ~ 8 元，做得不好的可能超过 10 元。还要扣除采购成本、网站维护费用、宣传推广费用等，所以没什么利润的空间了。做图书起家的亚马逊，后来的创新是电子出版。”[1]

目前来看，电商业务模式确实存在高成本、低利润、亏损的缺陷，事实上，线下实体店的成本结构比电子商务还要简单，成本还要低。

1《孙为民：电商成本低是伪命题，看好线下逆袭》，载于《21 世纪经济报道》，2013 年 4 月 17 日。

◇ 实体店不是败给了电商，而是被自己打败

实体店的“三座大山”：高房租、高人工、电商冲击

近年，国内线下实体店频现关店潮。不少实体店在关店清仓时，纷纷打出这样的标语：“网购冲击，生意难做”“电商太疯狂，生意没法做，马云我恨你！”

将部分实体店“逼上绝路”的真的是电商和马云吗？

不可否认，部分实体店之所以关门大吉，固然少不了电商的冲击，电商挤压了实体商业的生存空间。其实，压垮实体店的，除了内因，除了电商，还有另外“两座大山”——高房租和高人工成本。

其中，高额房租就如同悬在商家头顶的达摩克利斯之剑，随时可能会落下，斩断一个个商家的梦想。

早在2013年，经济之声《天下公司》栏目就报道过一个案例。

位于北京CBD核心地标国贸商城一层的“星巴克”咖啡，是“星巴克”在中国大陆开设的首家店面，地处北京最繁华的商业中心，承载着很多北漂的回忆。这样一家充满了格调的外资实体店，在2013年6月份竟然宣布关门，而关店的理由竟然是承担不起高额房租。

国贸“星巴克”店的房租究竟有多高呢？一年的租金和人工成本总计超过700万元人民币。而根据“星巴克”2012年的财报，“星巴克”亚洲地区平均单店营业额为82.9万美元，约合509万元人民币。

一年的营业收入还不足以支付房租，难怪连“星巴克”都要关店停业。其他实体商业经营者的情况，有过之而无不及。

一名在二线城市核心地带经营餐厅的赵先生告诉笔者，当初，他盘下店面时，租金是每月40 000元，由于经营有方，餐厅的生意还算不错。不料等租房合同到期后，房东直接将店铺租金提到了60 000元，且没有

商量的余地。赵先生估算了一下，“这样的话，赚的钱相当于都送给房东，我就是在帮房东打工！”权衡利弊之后，他没有选择续租，而是放弃了餐厅的经营。

诸如此类的高房租逼走商铺的事情屡见不鲜。2016 年，随着房地产市场的火爆，多地实体店铺租金每年都在以 20% 的速度高速增长，远远超过了实体店经营收入的增长速度，给实体店经营者造成了很大压力。即使是一些外资大型连锁商业机构也难以承受高额的租金。

以上海为例，早在2014年年底，上海商铺租金已经是20年前的5倍，但实体零售业的销售毛利却几乎没有增加，逼得大批内外资商家纷纷关停门店。另外，即使是在一些二三线城市的中心商业街，一家专卖店的年租金也已经高达二三百万元之巨。如此，很多专卖店一年经营下来往往只能创造几百万元的销售额，刨去人工、税费、水电等杂七杂八的费用，利润所剩无几，甚至入不敷出。

除了高房租，让实体店难以承受的还有高人工成本。

据统计，在 2014 年年底，上海人工成本相当于 20 年前的 20 倍，增速甚至高于店铺租金的幅度。中国人工成本激增，也是近年来值得关注的一个现象。

据英国《金融时报》报道[1]，日本最大的航运公司商船三井株式会社为了规避中国人工成本的激增，开始从中国转战人工成本更低的东南亚，在当地投资建厂，扩建码头。在三井的背后，是大量外资企业从中国撤资，前往人力成本更低的印度、东南亚等地投资设厂。

人力成本的不断攀升，同样波及实体商业。

苏女士在泰安市某繁华商业区开了一家服装店，门面 40 平方米，年租金就要二三十万元。除此之外，每月还有 1 000 元左右的营业税、水电卫生费、消防费等，总计要 1 万元。另外，店里雇了两名店员，每人

1《英媒：中国人工成本激增，越来越多日企迁至越南》，参考消息网，2016 年 6 月 5 日。

工资都是 3 000 元，一年也需要 7 万元出头。

核算下来，这家小店的成本就在 30 万元以上，分摊到每个月，就是两万多。苏女士经营的服装，价格不算低，多在 200 元至 1000 元之间。就按均价 400 元计算，衣服进价 4 折，出货按 8 折计，那么每个月需要卖出 160 件左右，平均一天五六件，才能回本。

“各种成本，包括人力成本，太高了，实在承受不起，我打算裁掉一名店员，自己多受点儿累，不然怎么办呢？”苏女士的话语中充满了无奈。

店面租金和人工费的增加是实体商业成本上涨的主因，一线城市实体商家员工的工资一涨再涨，否则，又会遭遇用工难。这种境况，对净利润率平均水平在 2% ~ 3% 的实体商业，是一个绕不开的挑战，是实体店经营者不可承受之重。

线上线下同款不同价

实体店之所以沦为电商的“试衣间”和“线下展厅”，根源在于同款商品线上线下不同价，线上价格往往要低于线下价格。消费者出于理性的考虑，追求个人利益最大化，选择价格更实惠的网购，也就不难理解了。

同一品牌，同一种产品，线上线下不同价的结果是，线上销售情况越火，则线下关店势头越猛。线上价格优势是制胜的关键因素，只要同款产品线下高于线上定价，那么实体商家迟早会被自己打败。

需要澄清的是，由于消费者并非专家，对产品的定位、生产工艺、用料等流程疏于了解，在很多时候，会将线上线下不同价的产品误认为是同一款。此话怎讲？通俗地说，我们双眼所看到的“线上线下同款不同价”，未必就真的是同款。具体又有以下几种情况。

1. 线上高仿（或假货），线下正品，线上线下不同价

有过网购经历（尤其是淘宝）的买家都有过这种经历：某品牌服装，

网络售价和商场专柜售价极其悬殊，专柜标价上千元的服装，网店只卖三四百元，只有专柜正品的三到四折。于是，消费者无不趋之若鹜，认为自己在网上捡到了大便宜。

前文我们已经分析过网店的成本构成，已经不亚于实体店。那么，这些便宜又正宗的“实价正品”，究竟是从哪里来的？

答案很简单！仿货或假货。

一个正品，一个仿冒，价格悬殊，也就合情合理了。只不过，这对于实体店似乎有些不公平。网上销售的服装、鞋帽类商品多属于这种情况。

2. 线上线下貌似同款，但不同价

随着网购的兴起，消费者被吸附到线上。所谓“魔高一尺道高一丈”，传统厂家吃透了消费者的心理，顺势推出各种网络专供款产品。

网络专供，顾名思义，只供网络渠道销售。与实体商场、专柜供应款相比，从外观上，几乎识别不出差异，“貌似”同款。网络专供款的价格更低，虽然质量没问题，也属于正品，但在用料上、功用上会有所缩水。

举一个例子。刘女士在某电商网站看到一款某知名品牌的羊绒衫，售价只有商场专柜的 30%，便抓住机会，给父母买了 3 件。结果，收到货之后发现手感跟商场专柜商品相差甚远，她仔细对比了一下，才发现专柜销售的羊绒衫的羊绒含量为 80%，而她购买到的网店“同款”羊绒含量只有 35%。这一发现让刘女士气愤不已，遂去找网店客服理论，对方倒也坦然，直白地表示：“这本来就是网络专供款！要不然怎么可能打三折？”事实上，各大厂家设计“电商专供款”产品早已是公开的秘密，只不过很多消费者还被蒙在鼓里。

在大型家电领域，“差别供货”早已是公开的秘密。为了应付那些爱打价格战的电商，厂家就单独为电商渠道定制“专供机型”。

“同一个厂家生产的平板电视、冰箱、洗衣机等产品，供应给实体卖场和电商渠道的货并不一样。”一位在广州从事某品牌家电销售的资深人士透露："即使是同一型号的产品，'电商版'在外观设计、液晶屏类型、底座选材、能效等级上也都会有不小的差距。"[1]

在卫浴领域也是如此，TOTO 卫浴商场实体店销售人员称："你对比一下（线上线下产品价格），一个卖几百块，一个卖上千块，价格差距这么大，（产品）怎么会一样呢？"汉斯格雅销售人员更是直接称："网上的不要信。"卫浴厂家也证实了这一点。法恩莎卫浴事业部总经理方春表示："天猫商城与线下产品线'是不一样的，价格也有差异'。在天猫上会推出一些电商专用的产品，这部分产品会比专卖店价格稍低。"箭牌卫浴电商总监杜博也表示，"箭牌卫浴天猫旗舰店产品 80% 是网络特供，但是质量没问题，都是同一生产线生产的。"[2]

线上线下不同价的，原来本就并非同款，又哪来的同价。

3. 线上线下同款，但不同价

如果线上线下无法做到同款同价，那么实体店一定会被打败的。这里的同款不同价，是真正意义上的同款，品牌、用料、工艺、批次完全相同，只是售价不同。

比如，同样是一本书，同样是正版，产品本身没有任何差异。在新华书店购买，最多打八折，而在当当上，可能只需要七折、六折，甚至更低。再比如，某款正品手机，线下实体店售价高于京东售价。这些情况，就不能怪消费者投入电商的怀抱，实体店的蛋糕当然要被电商抢去。反之，如果线上与线下渠道能够做到同款同价，实体店就有可能崛起。

我关注过两个品牌，线下实体店做得比较成功。

一个是日本品牌"优衣库"，自 2009 年入驻天猫后，就一直坚持线上线下同款同价；另外一个是中国品牌"海澜之家"，也是奉行线上线下同款同价的经营策略。目前来看，这种策略是成功的。两家企业线上渠

1《认清"网络专供"背后的那些事》，载于《四川农村日报》，2014 年 10 月 15 日。

2《揭秘同款产品线上线下价格不同》，开封人人装修网，2014 年 3 月 6 日。

道销量在迅速增加，与此同时，线下实体店也在逆势增长。

当然，线上线下同款同价，说起来容易，实则背后会涉及错综复杂的利益纠葛，也事关品牌的运营水准。这是针对大型连锁品牌而言的，对于中小型实体商家，由于议价能力有限，更难以争取到“线上线下同款同价”的优厚待遇。

不专业，不用心，缺乏核心竞争力

“21 世纪，唯一的生存之道就是专业”，日本著名经济学家、未来趋势专家大前研一在《专业主义》[1]一书中这样说。

所谓专业精神，就是在专业技能的基础上发展起来的一种对事业、对工作极其钟爱和投入的优秀特质。具有专业精神的人往往能够达到一种忘我的境界。

实体店从业者“专业化”的四个维度如图 1.12 所示。

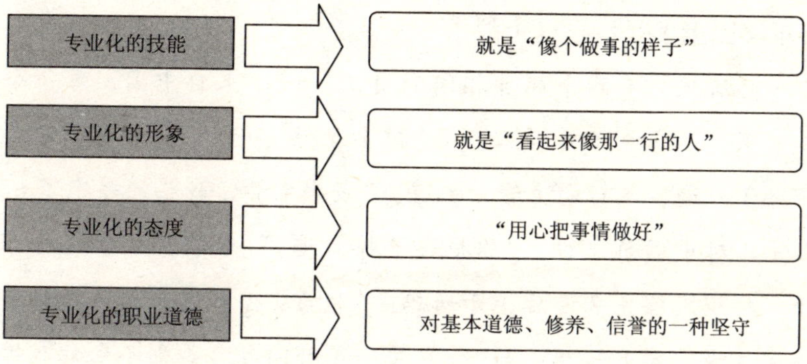

图 1.12　实体店从业者“专业化”的四个维度

从以上四个维度去对照，我们会发现那些知名实体品牌，如“肯德基”“星巴克”“海底捞”“名创优品”等做得更专业。店员经过专业培训和指导，拥有更专业的操作技能和专业化的工作形象，他们看起来确实

1 该书的中文版于 2006 年已由中信出版社出版。

"更像那么回事儿"，他们的产品和服务有严格的执行标准，不会大起大落，很少因受到外界环境和个人情绪的影响而变化。

反观那些夫妻搭档的小店，那些单打独斗的实体店，那些半路出家的散兵游勇，在专业性上则明显弱了很多。比如，一家夫妻经营的小餐厅，在顾客眼中很可能是这样的：妻子买了一些自家人吃的蔬菜，随手放在收银台上；不戴口罩的厨师，闲暇时，就在操作台前大声聊天，唾沫飞溅；顾客用餐的同时，老公在店里津津有味地吃着自家小灶，旁若无人；晚餐时分，幼儿园的孩子被接到店里，来回跑动，大呼小叫，声音尖厉；服务员请假休息，将家里的七大姑八大姨请来，临时客串服务员；饭菜口味一次一个样，原料能对付就对付，没菠菜就用油菜，萝卜丁少了就用洋葱顶上，等等。这就是不专业！

一家人守着一家小店，饿不死也发不了财，日复一日的重复，没有提升，没有精进，没有创新。这类店主最容易发出"实体店生意难做"之类的感慨。

海尔集团董事长讲过一个故事。

在一家店里，有两个职责相同的员工，一个来自中国，另一个来自日本。一天，主管对日本员工说："把桌子擦 6 遍。"日本员工拿起抹布把桌子擦了 6 遍，然后向主管汇报道："报告主管，我已经擦完了 6 遍。"

主管又对中国员工说："你把桌子擦 6 遍。"中国员工拿起抹布开始擦桌子。按规定擦完 3 遍后，开始想："干吗要擦 6 遍，就是在折腾人。"勉强擦完 4 遍，又开始想："这个主管一定有问题，否则不会让我擦 6 遍的。"想到这里，那名中国员工丢下抹布就走了。

中国员工做事不用心、不认真、不到位，这些都是不够专业的表现。

美国人拍摄的《寿司之神》，讲的是日本的一家小寿司店，这家寿司店被评为米其林三星，有人称这家寿司店的寿司是日本最好吃的寿司。它的店面不大，消费却极高，客单价 3 万日元起，而且还得提前一个月预订。

这家小店的经营者是一位年近 90 岁的老人，他做了一辈子寿司，专注用心到了极致。该店对学徒的选用和培养也极其严苛，能被选中当学徒的，都要经过漫长的艰苦磨炼。学徒前十年，只能做一件事，就是煎鸡蛋，至于捏寿司，想都别想。店主的大儿子，也跟随着父亲学艺 20 多年了，仍然是一副恭敬学徒的姿态。同时，他们还需时刻观察用餐者的情况，以便对食物适时做出调整。

如此这般专业，这般用心，才让这家寿司店享誉世界。相反，你做事不够专业，不够用心，产品没有特色，服务没有特色，店面装潢没有特色，还时常抱怨生意不好做，让我说，这种情况生意能好才怪呢！

实体店经营者务必要学会换位思考，多做横向对比。

卓达集团董事长杨卓舒接受人民网记者采访时，说过这样一番话："我经常和我们的员工讲：别人懒，我们勤劳一些；别人不厚道，我们忠厚一些；别人冷漠，我们热情一些；别人不怎样，我们好一些；别人无能，我们的能力强一些，这样自然而然地就把事情做成了。"[1]

仔细揣摩一下，是不是这个道理？

很多时候并不是别人做得有多好，而是自己做得太差。很多时候并不是别人的攻击力有多强，而是自己的漏洞太多。所以，没有可怕的对手出现则已，大多数实体店还可坐守自己的一亩三分地，得过且过，温水煮青蛙。而一旦出现作风凌厉的后来挑战者（能把自己逼疯、把别人逼死的人），那威力将会是排山倒海，让你难以抵御，倒逼你去改变。

不研究顾客心理，不研究顾客需求

实体商业直接面对顾客，需要与顾客进行沟通交流，才可达成交易。

---

1 宋明霞：《杨卓舒：用哲学驾驭市场》，载于《人民网·市场报》，2001 年 4 月 21 日。

实体店经营者需做好换位思考，站在顾客的角度去考虑问题，去探究他们的心理需求，而不是站在自己的立场上想当然地去判断。

对这个问题，管理大师彼德·德鲁克早在1954年出版的著作《管理的实践》中，就进行了提醒："企业认为自己的产品是什么，并不是最重要的。特别是它对于企业的未来、成败也不是那么的重要。顾客认为他买的是什么以及他心中的'价值'是什么，这才是最关键的。这也将决定一家企业会是什么样的企业、生产的产品是什么以及企业会不会成功。"

1964年，彼得·德鲁克在另一本著作《成果管理》[1]中再次谈到这个问题："企业内部人士对于顾客及市场的认知有可能是错的，因为只有顾客才真正了解自己及市场。企业只有通过询问、观察及了解顾客的行为，才能够找出顾客是谁、顾客如何购买、如何使用买来的产品、什么是顾客的期望，以及顾客的价值观是什么等。"

企业化运作的零售业如此，单兵作战的实体店也不例外。是时候把目光投向你的顾客了，作为直接面对顾客的行业，若不去深入研究顾客心理，揣摩顾客需求，于情于理都讲不通。

史玉柱称："自从'三大战役'[2]失败后，我就养成一个习惯，谁消费我的产品，我就要把他研究透。一天不研究透，我就痛苦一天。"如何把消费者研究透？要下笨功夫。

开发游戏，史玉柱没有经验，有的只是玩游戏的经验。怎么才能打造出能击中用户痛点的产品呢？史玉柱的方法很特别，也很简单，就是找潜在的游戏玩家聊天，把他们的心思研究透。在这个过程中，史玉柱先后找了2 000个玩家聊天，和每个玩家至少聊2个小时，总计就是4 000个小时，平均一天10个小时，也需要400天。真是一项浩大的工程。

---

1 《管理的实践》《成果管理》中文版图书已由机械工业出版社于2009年出版。

2 史玉柱将企业发展比作打战役，他在1994年确立自己的三大主导产业时，就称之为要打"三大战役"，即电脑、药品、保健品。

史玉柱也可以不这样做，可以象征性地找几个典型用户大致沟通一下，其他的凭想象去弥补。这种方式当然省时省力，但是它不可能洞悉大量用户在网络游戏中的兴奋、紧张、激情、愤怒、郁闷、心跳、刺激、张狂、霸气、嫉妒、失落、沮丧、掌控、宣泄、君临天下、说一不二的细腻情绪。这些用户的小情绪被史玉柱摸得一清二楚，真正做到了对用户了如指掌。后来的事实也证明，征途游戏最吸引人之处，正是给玩家的情绪提供了一个合适的宣泄载体、一个恰如其分的释放机制。对顾客研究投入的精力，不会白费。

我经常跟实体店主讲这样一个案例。

一段时期内，很多厂家都认为香皂的功能是显而易见的，没必要再去做过于深入的研究。后来，一家知名香皂厂商突破了这一惯性思维，组织专业人员，针对香皂与人体皮肤、组织、毛发之间的关系进行了长期深入的研究，还将研究结果编写成了厚厚的一本书。后来这本书被送到了公司广告部，奇迹出现了，广告人员通过该书，产生了源源不断的好创意，这个过程竟然持续了 5 年之久，此期间该厂家的香皂销量激增了 10 倍。

实体店经营也是如此，必须研究目标顾客群的心理需求，要深入一线，实地接触顾客。通过沟通、观察、访谈等形式体验、感悟顾客的真实境况和心理需求，将他们彻底研究透，找出他们的“痛点”，提炼出自己的卖点，整合出自己的独特竞争优势，进行攻心销售。

在现实境遇中，我看到的却是更多的实体店经营者将注意力投向了市场，他们关注的是如何赚取更多的利润，如何把生意做好，却很少关注消费者的潜在需求。终日抱怨生意难做，却不肯分析消费者心理需求的实体店主大有人在。他们的共同点是不去分析顾客群有哪些；不了解顾客的消费习惯和购买偏好；不了解每次客单的构成和返店周期；不管谁光顾，都只想推销自己最想卖的商品（服务）；只考虑个人收益，不考虑顾客的真实需求；不去了解顾客痛点，更不会做针锋相对的改进；生意不好，就拿“经济大势不好，电商冲击”来安慰麻痹自己。这种单向式的以自我为中心的经营思想，扪心自问一下，你认为还能走多远呢？

◇ 定位：放大店商经营优势，进行差异化竞争

避免与电商硬碰硬，形成差异化竞争优势

我看过“宝岛”电动车专卖店的一次促销，在活动现场，比大大的活动拱门更吸引眼球的，是一个长方形的水箱，里面放了一辆发动起来的电动车，水箱外面有一句广告语叫“宝岛就是牛，水里也能游”。我观察了大概 5 分钟，发现有百分之七八十的行人都会驻足观看。什么是差异化定位，这就是最好的案例。

电动车的性能都大同小异，“宝岛”的营销策划人员能捕捉到“水中游”这个差异化卖点，一下子就跟竞争对手区分开了。话说回来，其他品牌可能也具备这个功能，但没能很好地展示出来，就只能被“熟视无睹”。

所谓品牌，所谓战略，就是差异化，就是与众不同。差异化竞争[1]是一种战略定位，即企业设置自己的产品、服务和品牌以区别于竞争者。我们知道，在市场中，全面超越竞争对手是很难的，要做得和竞争对手不一样则相对比较容易。不一样意味着差异化，意味着竞争优势。

实体店要想杀出竞争惨烈的红海，发现蓝海市场，就要进行差异化定位，拒绝同质化竞争，同时，了解电商优势，避免跟电商硬碰硬。如今，线上与线下零售生态圈之间，同质化现象越来越严重，如何在“二维”空间竞争中掌握主动权？差异化定位、差异化发展，将是实体商家

---

1 差异化竞争是被誉为“竞争战略之父”的迈克尔·波特（Michael E.Porter）提出的。

未来打造竞争优势的关键所在。实体商业与竞争对手（包括线上和线下）之间，不是你死我活的关系，而要取长补短，要互相学习、深度融合、优势互补、共生双赢。

差异化定位的核心在于通过提供差异化的产品和服务，为消费者提供价值。让消费者认可并采取购买行为，进而为商家创造利润，创造生存空间。

差异化定位，可从以下几个角度切入。

1. 经营模式差异

经营模式即商业模式。何谓商业模式？分享一个段子。

1997 年 10 月，硅谷最著名的风险投资顾问罗伯森·斯蒂文在与中国著名的高科技企业亚信 CEO 田溯宁沟通时，曾向后者发问：“亚信的商业模式是什么？”田溯宁反问罗伯森：“什么是商业模式？”罗伯森很奇怪田溯宁作为 CEO 竟然不知道什么是商业模式。于是他向田溯宁解释说：“一块钱通过你的公司绕了一圈，变成一块一，商业模式就是指这一毛钱是在什么地方增加的。”

商业模式是一种战略武器，运用得当，威力巨大。

提及经营模式差异化，美国的“好市多”（Costco）的经验值得借鉴。在美国，不论电商还是线下零售店，能跟“好市多”正面竞争并获得优势的寥寥无几，这要归根于“好市多”的会员制模式。

“好市多”采取的是收费式会员制，消费者成为它的会员后，能以非常低廉的价格购物，前提是要在“好市多”进行“多频次、大额度”地购物，否则，就很不划算。在采购上，“好市多”采取的集中式大量采购方式，品类不多，但是数量巨大，以此获取谈判优势，提高议价权。这样，虽然顾客在“好市多”没有更多选择，但实际上“好市多”已经帮助顾客找到了最合适、最便宜、使用频率最高的产品。这种差异化经营模式，使建立在会员制和独特商品目录上的“好市多”，能够有效地避开线上线下的惨烈竞争，可以避开零售业的价格战，且具有很好的品牌信赖度和品牌黏性。

2. 品类差异

首先，打造与竞争对手完全相异的产品搭配。

实体商家要尽量避免在3C数码产品、服装产品等电商具有明显竞争优势的领域跟电商正面厮杀，要进行差异化产品定位。举一个简单的例子：你卖苹果，我卖梨，你卖香蕉，我就卖草莓，反正就是要和你不一样。不一样就无法比较，没有比较就没有竞争。

再比如，就图书零售而言，实体书店相对于网上书店，几乎没有什么优势，但是线下书店可以进行错位经营。电商经营新书，线下书店可以经营特价书、旧书、稀缺书、名人签名书等。

其次，线上线下高低搭配，价位、档次错位。譬如，可以把实体店作为高端店，经营高价正品时货，高质高价；将网店作为低端店，用于处理实体店的库存或过季商品，或者用来销售"网络专供款"。这样，就能够有效地避开正面竞争。

3. 地段差异也可充分利用起来

通常，在城市的CBD等核心商圈，地价高，开店成本高，竞争激烈。如何进行错位经营？可以将店铺开到二线商圈、三四线市场、农村市场和更接近终端消费者的社区。

苏果超市、五星电器，近年来纷纷调整发展战略，让渠道下沉，不约而同地提到了"要把门店开到'犄角旮旯儿'去"。就是要放下架子，从大城市转战县乡级市场。比如"苏果"的有关负责人就表示："以后，大城市里基本上只开小的便利店，大的购物广场会开在小地方。"[1]"苏果"此举是为了避开竞争激烈、增长空间有限的核心成熟商圈，以提升差异

---

1 宋晓华：《面对电商冲击，实体店走差异化道路势在必行》，载于《新华日报》，2014年12月24日。

化竞争优势。再比如，经营者在某大型社区内开一家社区便利店、杂货铺，那么就能获得最大的经营优势——离顾客最近，这一优势，是任何竞争对手也无法替代的。

4. 服务差异

服务本就是电商的短板，店商应仅仅抓住这一机会，进行服务升级，提升服务水准，靠温情的服务来打动顾客。服务差异化策略实施到一定的境界，不仅能形成对于电商的差异化优势，甚至也能将线下竞争对手远远甩在身后。比如，以“变态服务”著称的海底捞，不仅让餐饮同行嫉妒，甚至还引来了跨行业的学习者。

通过增值服务为消费者创造更多的价值

随着传统线下商家与电商的竞争从“游牧战”转向“地面战”，实体店经营者不要陷入“价格战”或“移动战”的误区，只有以消费者体验为中心，通过增值服务为消费者创造更多的价值，才能赢得无缝零售之战。

线下商家还要结合自身优势和资源条件，挖掘增值服务的潜力，实现从“商品搬运工”向“服务提供商”转变，进而提供更多的增值服务，实际上也是消费者对实体店从业者的一种新时代期许（见图 1.13）。

在很多一线城市的写字楼、商圈和社区，一些具有前瞻性的实体商家，已经开始践行通过提供更多的增值便民服务来增加顾客黏性的新手段。

在总人口达 10 万余人的北京方庄社区，方庄地铁口附近开有一个“邻家”便利店，店面不大，销售的商品种类也不算多。但他们提供的服务可不算少，在这里，顾客可以享受到洗衣、自助缴费、免费 Wi-Fi、复印、限时送达、会员积分等增值服务。值得一提的是，“邻家”的洗衣服务新模式通过和洗衣工厂直接合作，来为顾客提供专业洗衣服务，36小时可取，效率要高于周边商圈的专业洗衣店，很受顾客欢迎。邻里家（北京）商贸有限公司运营总监翟悦称："这比很多洗衣店要快，方便了周围写字楼的白领。目前，这项服务已在50多个门店推出，完成了1万多单。"[1]

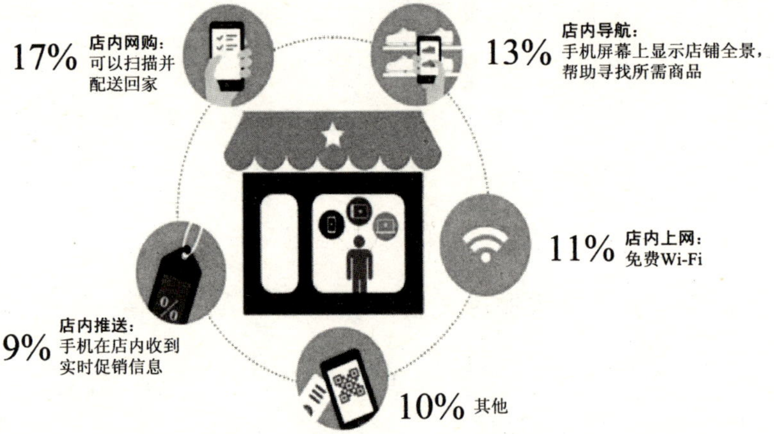

图 1.13 消费者对实体店的"五大期待"（增值期待）[2]

不只是"邻家"，很多城市的便利店都开始迎合顾客需求，拓展增值服务内容，如免费提供热水、手机卡充值、免费微波炉加热、金融支付拉卡拉、公交卡充值、ATM取款机。这些服务新内容，在方便顾客的同时，也为实体店聚拢了人气。服务搞上去了，便利店才会受到顾客青睐。

在电商冲击实体商业的大潮下，实体商业不是没有逆袭的可能。如果实体店经营者能做到与时俱进，能发掘新机会，且能在此基础上不断地调整产品种类，完善服务类别，那么逆袭将为时不远。

1 王晋：《便利店用服务"黏住"顾客 差异化竞争和优势互补成实体店生存之道》，中国经济网，2016年6月6日。

2 埃森哲全球无缝零售消费者调研数据。

小而美：通过“更少、更准、更好”来挑战“更多”

大家都有过这样的经历：去餐厅就餐的时候，面对一本厚厚的菜单，看着动辄上百道甚至更多的菜品，顿时会陷入一种选择性障碍。翻来覆去看很长时间，还是不知道吃什么。这就是消费社会中普遍存在的“选择难题”，消费者往往会因为面对种类繁多的产品和服务而无从下手。

在 2016 年中国“互联网＋”峰会上，京东集团 CEO 刘强东透露了一组数据，他说：“传统零售库存管理只有 5 万种，最多没有超过 15 万种，沃尔玛全球的产品总数只有 15 万种，但是京东管理着超过 200 万种的库存产品，全国有 200 个库房。”[1]

电商将这种“选择难题”几乎无限制放大了，因为它建立了实体商业不可获得的浩瀚产品体系，有着“无限”的可选择性。对消费者而言，更多的选择未必是好事，这反而会成为他们购物消费时的一个难题。有时，替消费者做出最合理的筛选，给予消费者最佳选择，未尝不是一种行之有效的经营策略。

有这样一家用互联网思维打造的餐厅。老板花了 500 万元人民币从香港食神戴龙那里买了一套牛腩的配方，开始做牛腩。餐厅的筷子都是定制的，原料采用的是缅甸“鸡翅木”，顾客吃完饭，可以将筷子和同样精美的牙签放入一个纸套，带回去做纪念。老板毫无餐饮从业经验，他每天都花大量时间盯着食客针对菜品和服务的不满声音。开业前就已经烧掉 1 000 万元，餐厅搞了半年封测，其间邀请各路明星、达人、微博大号们免费试吃。封测结束，餐厅开业，仅仅两个月时间，就实现了所在商场餐厅坪效第一名。开业不久，这家餐厅即获得 VC 的 6 000 万元投资，被估值 4 亿人民币。这家餐厅就是大名鼎鼎的“雕爷牛腩”，它的创办者叫孟醒，互联网名人，网名雕爷，是淘宝知名精油品牌“阿芙精油”的创始人，该精油在淘宝上有 60% 的市场占有率。

---

1 汐元：《2016 中国“互联网 +”峰会》，IT 之家，2016 年 6 月 16 日。

跨界开餐厅，孟醒的做法完全不同于传统餐厅，充满了互联网气息。

充满奇思妙想的雕爷，深知用餐客户的痛点——面对菜单时的选择性障碍。针对用户的这个痛点，“雕爷牛腩”在菜品上做了减法战略。雕爷借鉴了那些顶尖的西餐厅，比如法式餐厅、意式餐厅的做法，在菜单设置上追求极简。所有主菜加上甜品才不过二三十道，主菜只有 12 道，每一道菜都是精挑细选、精心设置、巧妙构思、恰到好处。为了不让食客感觉腻烦，会定期对这些菜品进行更新。简洁的菜单设定，大大减少了顾客的纠结时间、选择时间，使之更好地愉快就餐。

对餐厅而言，简单的菜品供应大有益处。

首先，较少的菜品，意味着较少的原材料，这样大大提升了原料采购和管理的效率。由于原材料品种少、量大，所以使餐厅有了较强的议价权，能够有效地降低采购成本。

其次，较少的菜品，后厨在制作时效率也会更高，更加轻车熟路，口感也会更一致，能够快速上菜，减少顾客等餐的时间，优化用餐体验，最终提升顾客满意度。

在移动互联网时代，追求高效率和简单化的消费者，对功能烦琐、操作复杂、选择繁多、需要动脑去思索的产品和服务会越来越排斥。

“雕爷牛腩”是典型的“小而美”[1]。小就是大，快就是慢。更小、更美，意味着更专业、更迅速、更精确、更快捷、更细致、更耐心、更贴心，也更容易满足顾客的需求。

实体商家“小而美”模式的精髓在于通过“更少、更准、更好”的精准聚焦定位来挑战“更多”。

德国的阿尔迪 (ALDI) 是一家奉行“简单至上”的连锁折扣超市。早在 2006 年，阿尔迪就逼得沃尔玛彻底退出德国市场。这还不算完，阿尔

1 2009 年马云在 APEC 峰会上一场题为《未来世界，因小而美》的演讲，开始让“小而美”广为人知。

迪还杀向了沃尔玛的老巢——美国，荣登美国“超市在消费者中受欢迎程度”的第一名，得票数远远超过沃尔玛。

为什么在众多超市中，客户会选择阿尔迪，连沃尔玛都被打败了？

赋予阿尔迪全球竞争优势的诀窍是低价，它的商品售价比沃尔玛低15% ~ 25%，比一般超市低35% ~ 40%。阿尔迪凭借“简单至上”的高效运营体系，尽一切可能降低成本、提高效率，从而实现利润最大化。

在竞争对手看来，阿尔迪的商品种类被简化到了极限，少得不能再少。通常，沃尔玛一家店里有近1.5万种商品，家乐福也有近1.2万种商品，而一家标准的阿尔迪超市只有不超过700种的商品。[1]销售大数据显示，阿尔迪的商品越少，反而越能降低成本，且能确保零售额的提升。这逐渐发展成了阿尔迪的核心竞争优势：严控商品数量，每个种类的商品只提供一个品牌，确保每个商品都是“爆款”。

实体店想“小而精”“小而美”，并不是想象中的那么容易，需要“小火慢慢地炖”，我们其实还有很多地方的火候不够，但因为具备了这样的理念，逆势中才能求发展。

丽尚手工堡“堡主”张馨月与“梵草”品牌创始人宋池都是云南手工皂行业内的先锋人物，他们经营的是“小而美”的专卖店。此二人对“小而美”的解读颇有深度。

第一，“小而美”门槛并不低，“要做小而美，你得先会审美！即对所有细节的完善和把握能力。

第二，“小而美”，关键在“美”。

张馨月说：“现在很多人做的就是小，没有美。不能做出自己独特的产品特色和品牌气质，那就是不美。”而宋池则表示：“我觉得做小而美的东西，人本身要有一定的美学修养”。[2]

1《阿尔迪：这家超市凭什么颠覆传统，打败沃尔玛》，赢商网，2016年2月16日。

2《要做小而美你得先会审美》，载于《云南信息报》，2014年6月26日。

精益零售：低成本，高效率

京东 CEO 刘强东将零售分为四种业态（见图 1.14）。

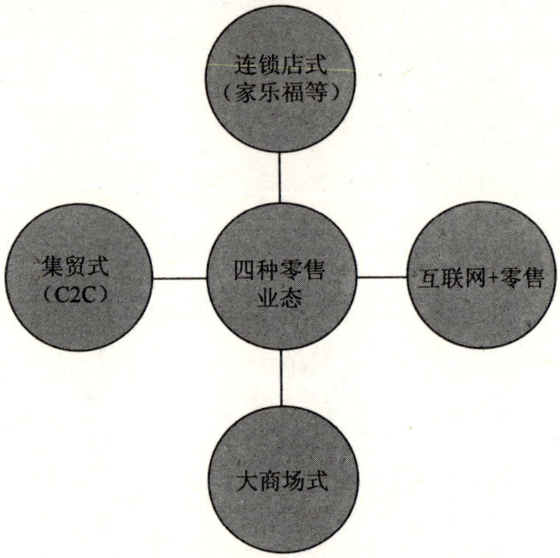

图 1.14　零售的四种业态

在刘强东看来，以上四种零售模式是不断更替的。促使这种更替的，除了不断地提升的客户体验之外，还有一个重要原因在于零售业背后的运营成本和运营效率。零售业的发展趋势是高效率、低成本的零售业态将会取代低效率、高成本的业态。

第一，传统集贸式零售业态的运营效率较低，平均的库存周转天数是 50 ～ 100 天，且成本较高，经过全国总经销商、省级经销商、市级经销商、县级经销商到批发商层层加价，最后，消费者要为此付出 30% ～ 50% 的额外成本。

第二，大商场式业态通常也需要 25% ~ 35% 的渠道成本，需要 50 ～ 70 天的周转天数。

第三，连锁店式零售业态，能够将费用率降到只有 20% 甚至更低，能把库存周转天数控制在五六十天的水平，明显优于上述两种业态，因此，竞争力更强。

京东的成本和效率管控又是什么水准呢？

刘强东的答案是：“京东电商的成本费用率从来没有超过 12%，你在财报上看到我们的费用率可能是 14%，因为有‘到家’，有很多其他成本放到一块了，纯粹看电商，我们的费用率只有 12% 左右，第一次把整个渠道的成本降到了 12% 以内。我们的库存周转天数只有 30 多天，我们的库存管理了 200 万种产品，传统零售库存管理只有 5 万种，最多没有超过 15 万种。沃尔玛全球的产品总数只有 15 万种，但是京东管理着超过 200 万种的库存产品，全国有 200 个库房，我们依然能把周转天数控制在 40 天以内，30 天左右。”[1]

从成本和效率数据上看，京东已经优于其他传统零售业态。传统实体零售业态虽不至于像刘强东讲的那样会被颠覆、被彻底取代，但来自电商的威胁是显而易见的。实体零售如何避免遭受电商的“降维打击”呢？

当务之急是走出一条“低成本、高效率”的精益零售之路。

1. 降低成本

降低成本，可以有效地提高利润率，也可为让利于顾客留下空间。德国阿尔迪超市的扩张就是明证，优衣库和名创优品在线下大举扩张开店也是得益于成本控制。

名创优品等新零售业态的含金量与传统零售业态相比，其竞争力表现在何处？创始人叶国富将之归结为“三高”和“三低”，即高效率、高科技、高品质；低成本、低毛利、低价格。

在叶国富看来，“传统零售公司一般毛利在 35% 以上，比如森马、安踏、美特斯邦威、特步等品牌，毛利基本在 40%。名创优品的毛利是多少？ 8%。按照传统模式假设进货 1 元钱，中间商、品牌商、运营商加 40% 的毛利，就是 1.4 元，到零售时再加一些，水涨船高，那基数更高。而名创优品只加 8 个点，就是 1.08 元，同时严格控制零售加价 30% 的上

1 2016 年 6 月 16 日北京举办的“互联网 +”峰会上刘强东的发言内容。

限，这样终端价格就很低了，这是革命性的变化。”

这种革命性的变化，赋予了名创优品让竞争对手难以超越的竞争优势。在保证一定品质的基础上，谁能把价格降下来，谁就能赢得消费者的青睐，占领市场。

2. 提高效率

提高效率与降低成本是一对因果关系，店铺运营效率的提升，必然对应着成本的下降。如何提高运营效率？需要经营者有效地打通店铺内部采购、商品、管理、服务、协调等所有流程，实现老板（店长）、导购（服务人员）之间的实时互动、扁平沟通，将店铺和个人联系起来，使进度可视化、成本可视化，从而建立一个效率最高、成本最小，利润最大的实体店经营管理系统。

例如，国内经济型酒店品牌华住集团和faceui联手开发了酒店自助入住系统，顾客借助APP就可在用户端完成自助选房、预约发票、0秒退房等操作，将办理入住时间从原先的3分钟缩短至30秒，大大提升了工作效率，减少了顾客的等待时间，变相提升了顾客满意度。

再比如，对于实体餐饮店而言，衡量餐厅运营效率和利润率的一个关键指标是翻台率，翻台率越高，餐厅运营效率越高，利润也就越高。星巴克咖啡店的翻台率很高，除了品牌认知因素外，星巴克还采取了一些“人为因素”来提升翻台率。

首先，星巴克店内的座椅，不论是木凳还是无扶手沙发，坐时间长了顾客都会感觉到不舒服。星巴克此举正是为了减少顾客留店时间，为后来的顾客腾出空间。否则，如果座椅太舒服，顾客摆上一台笔记本电脑、一本书，再配一杯咖啡，一坐就是半天，那咖啡馆的生意还如何保障?

其次，星巴克还另有一些赶人的“坏招数”。比如，在店内客流量爆满时，通过开大音乐量、加大冷气的方式，给顾客制造不舒服，顾客不舒服了自然就会走。

第2章

店商武器之“霸王枪”

打好模式牌：把脉趋势，创新模式

商业模式应该回答一系列的问题：向什么顾客提供价值？向顾客提供什么样的价值？怎样为顾客提供价值？

一个成功的商业模式不一定是在技术上的突破，而是对某一个环节的改造，或者对原有模式的重组创新，甚至是对整个游戏规则的颠覆。

——李振勇《商业模式》

◇ 展望：未来的零售形态

O2O：未来 10 年的零售趋势

O2O 即 Online To Offline，是指“线下”（Offline）的商业机会和互联网（Online）充分结合，让互联网成为线下交易的前台，线下实体店成为交易的实体支撑。O2O 的概念源自美国，范围非常广泛，只要产业链中既可涉及线上，又可涉及线下，就能通称为 O2O（见图 2.1）。

图 2.1　O2O 模式示意

通俗地讲，如果一个商家，不论是电商还是店商，只要能实现兼具网上商城及线下实体店的，并且网上商城与线下实体店全品类价格保持一致，即可称之为 O2O。也有人认为，O2O 是 B2C（Business To Customer，即商家对消费者个人）模式的一种特殊形式。

1. O2O 模式与 B2C/C2C 模式的区别

O2O 模式与 B2C/C2C 模式的区别如图 2.2 所示。

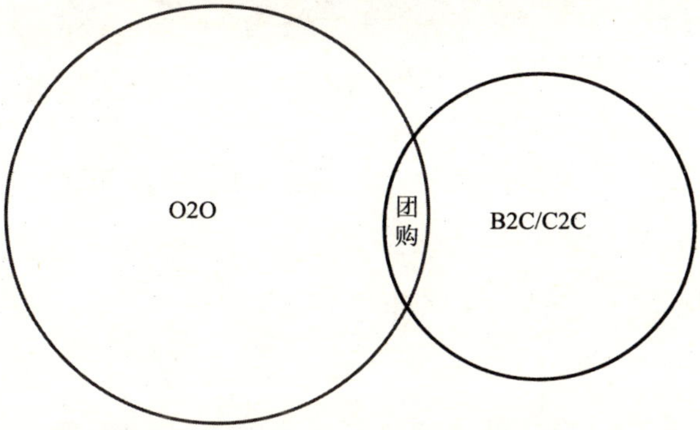

图 2.2　O2O 模式与 B2C/C2C 模式的区别

在 O2O 模式下，消费者在线上购买某项商品或服务，然后去线下享受服务。O2O 更侧重于服务性消费（餐饮、电影、美容、SPA、旅游、健身、租车、租房等）。而 B2C、C2C 模式则是消费者在线购买、在线支付或货到付款，购买的商品通过电商自建物流或第三方物流送到消费者手中，B2C、C2C 更侧重于实物交易（实物商品，如电器、服饰等）。

O2O 模式与 B2C/C2C 模式的一个交叉区域是团购，它是一种特殊形式的商业交易形式，是低折扣的临时性促销。消费者通过电商平台，购买商品或服务的团购券，再持券前往实体店享受服务，比如团购的餐饮券、优惠套餐、电影票、各类景点门票等。

2. O2O 模式的构成

O2O 模式由线下商家、O2O 平台和消费者共同构成（见图 2.3）。

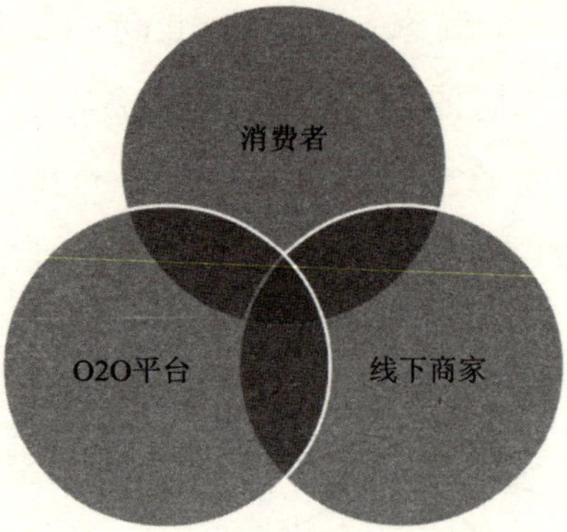

图 2.3 O2O 模式的构成

首先，线下商家能够降低对地理位置的依赖，减少租金支出，借助 O2O 平台进行精准营销和客情维护。

其次，O2O 平台也能吸引大量高黏度的消费者，进而实现良性循环，争取到更多的商家入驻。

最后，消费者也能及时了解全面、丰富、及时的商家促销信息，能够快速筛选并购买适合自己的商品或服务，且价格优惠。

O2O 模式能实现“线下商家—O2O 平台—消费者”之间的价值传递和互惠共赢（见图 2.4）。

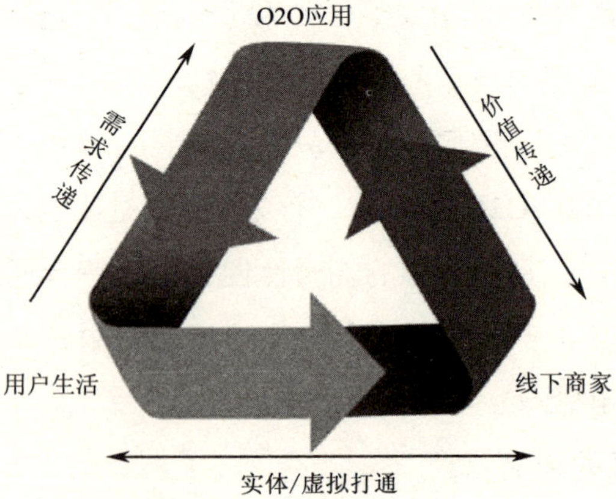

图 2.4 O2O 模式价值传递闭环

3. 实体商业的机会

根据普华永道近期公布的一项调查显示，大多数消费者都期待能够通过线上设备选购、支付和预订商品，又能在最方便的时间和地点，于线下提取商品。

这为传统实体商业的 O2O 转型提供了发展契机。

2013 年，银泰百货开始试水 O2O，在百货店和购物中心全面铺设免费 Wi-Fi，通过大数据获取并分析顾客线上线下的消费行为（如电子小票、行走路线、停留区域等信息），以此来识别顾客的购物喜好、购物频率以及品类搭配习惯等重要信息，进而改善顾客的购物体验。[1]

此外，银泰百货与支付宝钱包达成战略合作，让顾客购物时可以实现手机支付，可以有效地将支付宝用户引流到线下实体店。为了方便顾客线上购买、线下体验，银泰百货还在旗下实体店配置了触摸屏，方便顾客进行网上订单查询、提货。

O2O 被视为实体店的未来方向之一，与电商相比，店商在空间情景、人员服务、商品展示等方面优势明显，就看实体店经营者如何通过这些优势来提升顾客的购物体验了。做到这一点，才能将转移到线上的消费者重新拉回来。

未来实体店的定位应当是成为消费者即兴购买商品与服务的社区服务中心和生活百货馆，即消费解决方案提供者。

顾客的消费观演变

根据菲利普·科特勒的定义，市场由一切具有特定的欲望和需求并且愿意和能够以交换来满足此欲望和需求的潜在顾客组成。另外，在菲利普·科特勒看来，如今的市场已经不是以产品为中心的营销 1.0 时代，也

1 朱丽：《实体店的未来：全体验化的便捷 O2O 模式》，载于《中外管理》，2014 年 7 月 13 日。

不再是以客户为中心的营销 2.0 时代，已经进入以价值为中心的营销 3.0 时代。这就意味着，在更加透明的市场环境中，实体商家不能再像往常一样，单方面对顾客进行产品信息、销售信息灌输，而应深入消费者的内心，研究他们的消费观念。

在以移动互联网等新技术革命为标志的体验经济时代，消费环境、消费趋势以及消费者的消费观念都发生了深刻变化，消费者的消费观念变化主要表现在以下几个方面。

1. 个性化

《体验经济》一书的作者 B. 约瑟夫 · 派恩（B. Joseph Pine II）和詹姆斯 ·H. 吉尔摩（James H. Gilmore），将产品或服务趋同的现象称为“商品化”。“商品化”意味着标准化的产品和服务，它抹杀了个性，无法给消费者提供独特的感受。当今，大众化的标准产品或服务已经日渐失势，消费者对个性化产品和服务的需求越来越强烈。

非主流、个性化、独一无二是消费者新的诉求，个性消费最初是温饱满足后的有钱有闲阶层的一种消费，如今，个性化消费面在逐渐扩大。

个性化消费既是经济现象，也是一种文化现象。“我不需要跟别人雷同的产品”，成为了个性化消费的宣言。“我很少去商场买衣服，因为我无法容忍‘撞衫’和个性复制的尴尬。”时装设计师谭小波说，他开了一家个性时装设计店，很受顾客欢迎，“在我这里定制一套服装价格不菲，从设计到制作费用，一定是比商场贵的，而常来光顾的顾客却成了忠诚的‘粉丝’，他们更强调服饰的文化韵味和个性的积累。”[1]

未来学家阿尔文 · 托夫勒在《第三次浪潮》一书中提道：“不会再有大规模生产，不会再有大众消费，不会再有大众娱乐，取而代之的将是具体到每个人的个性化生产、创造和消费。”代表个性化的小众正在苏醒，他们不经意的消费转向，足以改变实体店经营者的商业思维。

---

1 雷路展：《个性消费主宰时尚生活》，载于《河南日报》，2011 年 6 月 22 日。

2. 两极化

当前消费趋势两极化日趋明显，一极是向上高消费、奢华消费，另一极则是向下低消费、实惠消费。与以往相比，消费者变得更加务实、更加挑剔，在他们喜欢的产品和服务上，他们不惜代价，愿意付出高价。而在那些不太重要，对他们来说不痛不痒的产品消费门类上，他们宁愿一分钱不花。

进行“趋低消费”时，消费者会在同类、同品质、同级别产品中选择价格最低的商品。拒绝中庸，拒绝妥协，于是，消费市场开始两极分化，呈现两个趋势，即“趋低消费”和“趋高消费”。一方面，我们看到，高消费、奢侈消费呈跳跃式增长；另一方面，网络购物、平价购物也正在形成浪潮。

3. 重体验

从价值目标看，消费者的关注点已经从产品、服务本身转移到了享受产品、服务时的感受，或者说，相对于重视结果，现代的消费者更注重过程，更注重过程中的服务和体验。人们为什么宁愿花高价去星巴克喝咖啡，而不是在家或者办公室泡一杯速溶咖啡呢？说到底，是为了享受过程，追求体验。这应该是实体店的一个福音，实体商家在顾客体验上有电商所不具备的得天独厚的条件。但能否给顾客提供一流的消费体验和人性化的服务，是实体店经营者需要用心去研究的一个课题。

在体验式消费理念已深入人心的当下，重服务才是王道。

海底捞总裁张勇对服务的理解很深刻，他说：“我不会熬汤，不会炒料，连毛肚是什么都不知道。店址选得也不好，想要生存只有态度好！客人要什么，快一点儿。客人有什么不满意，多陪点儿笑脸儿。刚开业的时候，不知道窍门儿，经常做错。为了让人家满意，送的比卖的还多。结果客人虽说我的东西不好吃，却又愿意来。”[1]

---

1 黄铁鹰，《海底捞你学不会》。北京：中信出版社，2011 年。

从大量的服务实战中，张勇还悟出了一条准则：如果客人觉得吃得开心，就会夸你的味道好；如果觉得你冷淡，就会说难吃。服务会影响顾客的味觉！

顾客去餐厅消费也好，去逛商场也好，去唱 KTV 也好，其实能够左右他们心情和满意度的，最主要还是人为的因素，是服务的因素，而不是物的因素、硬件的因素、产品的因素。

店铺资源过剩，租金成本将普遍下调

伴随我国房地产热潮以及商业地产价格的不断攀升，各类商业物业的租金逐年递增，近年来已经到了制高点。在电商冲击和高房租打压下，近几年有大量实体店经营者由于无法承受高额租金而不得不关店停业，各地频现关店潮，关闭的店铺有一部分长期处于无人续租的空置状态。

在一线城市上海，有些国际一线品牌也因无法承受高房租纷纷搬离外滩。早在 2009 年，雨果·博斯（HUGO BOSS）就撤离了外滩。紧接着，杜嘉·班纳（Dolce & Gabbana）、乔治·阿玛尼、百达翡丽与宝诗龙等国际顶尖品牌也关停了外滩的店面。取而代之的是各种酒吧、餐厅，还有一部分店铺则由于长时间无人承租，处于空置状态。

在二线城市济南，位于城市核心地带的高端商场恒隆广场，竟有上百家店铺关门大吉，店面处于空置状态。其中，一楼关门空置店铺数量占了三成左右，二楼空置门店则有 40 家，三楼达 16 家左右，四楼、五楼分别也有 20 家左右店铺关门，无人续租。[1]

在三线城市舟山，由于高价商铺滞销，实体零售受电商冲击，店面租金已呈下滑趋势。2000 年，王女士在舟山市新华书店对面盘下了一间 $100m^2$ 左右的店面，如今已经营 10 年有余，租金每年递增。到 2012 年，

1《购物中心秋风乍起：100 多家店铺空置，济南恒隆广场不是个案》，载于《商业与地产》，2016 年 6 月 3 日。

已涨至每年60万元。合同到期，房东主张再涨租金，大概一年要67万元。

由于店面盈利增长幅度跟不上房租上涨的幅度，眼看难以为继，王女士就没再续租。她说：“那个时候解放东路店面仍然走俏。我及时退出了这家店面，还收了30万元转让费。在这之后，店面租金就节节下滑。现在解放东路这样一家店面，如果能租到30万元一年，算不错了。其他地方的店面租金也在下跌。去年，解放东路一家店面就一直租不出去，关了近一年。”[1]

一方面，关店潮在造成一定程度的商铺空置；另一方面，商业地产的供给在不断地增加。比如上海，预计在2016年年底前新投放市场的商业地产项目总量将超过330万平方米。在2000年至2013年，上海零售物业年均供应量为325 671m^2；而2014年至2016年，年均零售物业供应量则达到1 122 876m^2，是此前年份的3.4倍。[2]

商业物业出现了总体过剩，月满则亏，水满则溢，在未来，实体店铺的租金将会出现普遍下调。

香港就曾经历过这种周期性演变。据国际房地产咨询公司高纬环球统计，2011年，香港核心商业区铜锣湾的商业物业租金已经超过美国纽约第五大道，连续3年领冠全球。但自2006年开始，该区租金就开始大幅下调，有些下调幅度高达三成左右。内地商铺的出租压力也正在凸显，由以前的周期性清淡发展到了现在的持续性冷淡。具体表现为租金下降、商铺关门、长时间无人承租等。

一个餐厅老板告诉笔者，她的店铺租金为每平方米80元/月，如今已经快顶不住了。不过，她暂时还没有退租关店的想法，她希望能等到房租下调的好消息。她觉得凡事都有个度，都有达到顶峰的时候。她说：“商铺租金都涨了这么多年了，也该走下坡路了吧？”

---

1 裴驰宇：《租金几近“腰斩”，商铺价格见底了吗》，载于《舟山晚报》，2015年6月19日。

2《上海零售物业未来三年供应超330万平方米》，联商网，2014年7月9日。

做一下换位思考，商铺房东其实也有自己的难言之隐，他们硬撑着不降房租，也是出于投资回报率的考虑，毕竟他们在购置商铺时付出了不菲的代价。“没法降啊，一旦我带头降租，这条街上其他房东说不定也会跟着降。”某沿街商铺房东刘先生说，他更担心降租后产生骨牌效应，无法挽回，所以宁愿遭受店铺短期空置所带来的损失。不少店铺房东都持这种心态，为了长远利益考虑，仍然硬扛着不降租金。这其实是房东和租户之间的心理战，房东心理价和市场接受度之间出现了错位，这也是商业地产租赁市场出现松动的迹象。长久下去，总有一方会扛不下去。实体店经营者扛不下去的结果往往是关店走人，店铺房东扛不住则只有让利降价。我判断，这场拉锯战会以店铺出租方让位告终。五星电器总裁潘一清也表示：“实体零售商两大成本，一个是租金，另一个是人力。但随着商业综合体开发过度，我相信未来租金下降会成为必然趋势。”[1]

实体店的触底反弹

除了前文提及的电商发展速度趋缓、电商先天劣势以及实体店所具备的“抗电商基因”（高品质、体验好、面对面）外，支撑实体店实现触底反弹的，还有以下几个因素。

第一，电商在国民经济中的定位将日趋合理，回归理性。

2015 年底，各种微信群、朋友圈被“一位英国爵士”的段子刷屏了。段子内容是这样的：“英国的一位爵士在谈到电商问题时，毫不客气地说，中国允许电商如此快速发育，这是社会经济管理的严重失误。他说，英国政府和企业家不是傻瓜，它们建几个电商平台易如反掌，但为什么不做？政府限制，企业家也很明智。因为英国政府知道，一个商业小店铺，背后就是一个中产阶级家庭，摧毁了他们的生存环境，那是社会的

1 赵向阳：《实体店真的不行了吗？关于未来零售业的几个判断》，载于《第三只眼看零售》，2015 年 7 月 22 日。

灾难。

这位爵士告诉我，商业有其基本规律，它的作用不只是买卖商品，而更重要的一个作用是把公众吸引到大街上去。当他们一家、两家地在店铺寻找，要为了购买一件满意衣服的时候，他们很可能发生远超过一件衣服价值的‘随机消费’。比如，夫妻两个人逛街，可能产生餐饮消费，可能一起看一次电影，如果有孩子，他们还可能为孩子买一些‘过去根本没想去买的东西’。而且，市民这样的逛街行为，使一个城市产生了巨大的活力，它是重要的城市景观。所以这位英国爵士认为，电商绝不是拉动社会消费的好办法，反而是在毁灭消费。

如果我们商业街区的灯光熄灭了，再亮起来，不知需要多长时间，而且一关一开之间是何等巨大的社会成本？外国人看得懂这一切。‘双十一’，当国人沉浸在‘爆买垃圾货’的快乐之中时，中国电商在美国股市上的股价暴跌。因为美国投资者认为，假货充斥、刷屏成交的行为将让电商失去成长性。”

英国究竟有没有这样一位爵士，难以判断。不过，这条段子所反映的问题却是客观存在的。

电商模式，尤其是“只有更低价，没有最低价”的淘宝模式，让参与的商家只能打价格战，满足消费者“又好又方便”的诉求。但这样一来，将会扼杀国内很多产业的创新能力，扼杀打造精品的工匠精神，因为所有参与者都只有打价格战的欲望。那么，原本就假货、山寨货横行的中国市场将会彻底失去创新的原动力。

香港中文大学教授郎咸平认为，“‘中国创造’之路或许将从此步履蹒跚，自甘堕落，沦为世界分工中最没有价值的一环！”另外，在郎咸平看来，电商将产品卖得太便宜，就是倾销，“产品卖得太低是犯罪。如果一个商品真的是便宜地卖给消费者，让消费者得到实惠，那为什么发达国家的政府要反对呢？他国政府要保证某些环节的利益，不能让你坏了规矩。不能把商品卖得太便宜。”[1]

电商对实体店的冲击以及带来的各种负面效应，已经引起政府媒体和政府的深切关注。在2016年全国两会上，全国政协委员、吉利集团董事长李书福的两会提案内容有这样一条：加强电子商务经营交易税收管理。电商所招致的恶性竞争及赔本买卖，确实不利于实体经济崛起，政府也已经关注到这一点，“已从当初的不屑一顾，到半信半疑，到如今犹豫纠结。毕竟电商也是政府一路一带及中式全球化的重要一环。”[2]相信在各方利益博弈下，电商的地位会趋于理性。

第二，实体店的创新与转型强化了竞争力。

欧洲营销之父夏代尔称：“要么创新，要么蒸发。”电商“狼来了”，恐惧、逃避于事无补，实体店经营者要学会“与狼共舞”。就像当年中国加入WTO，国内零售业人士都很担心外资超市的进入是“狼来了”，但现在回头看，外资超市的进入，反而让竞争更充分，带动国内零售业上了一个大台阶，强化了竞争力，相对于沃尔玛、家乐福等外资超市的市场表现，不仅毫不逊色，反而更胜一筹。

如今，电商来袭，这绝不是实体商业的末日，而是实体商业又一个发展的新起点。实体店正面临大洗牌，经过转型调整，实体店不仅能够拥抱未来，跟电商共舞，而且是充满希望和活力的未来。不过，这种未来属于那些与时俱进、主动转型、敢于创新、勇于自我革命的实体店。鸡蛋从外部打破是人的食物，从内部打破是新的生命。不破不立，实体店的新生源于经营者的决心和行动力。否则，实体店再怎么触底反弹，也和你无缘。况且，即使随大流你能跑得赢大势，但也未必能跑得赢线下竞争对手。还是马云说的那句话，“大势好未必你好，大势不好未必你不好！”

1 郎咸平：《马云是毁灭者，让中国走上不归路》。

2《解析：2016实体店即将重新崛起的十大信号》。

◇ 零售 4.0 时代，消费者主权时代

消费路径的演变

在 PC 互联网时期，消费者的购买路径往往遵循“漏斗模型”。

“漏斗模型”的全称为“搜索营销效果转化漏斗”，漏斗的五层对应了商家搜索营销的各个环节，反映了从展现、点击、访问、咨询，直到生成订单的消费全过程，在每一个环节，顾客都在不断地流失，越往后的环节，剩下的顾客越来越少，就像漏斗（见图 2.5）。在线下实体店，顾客的购买行为也是遵循这样一种路径（见图 2.6）。

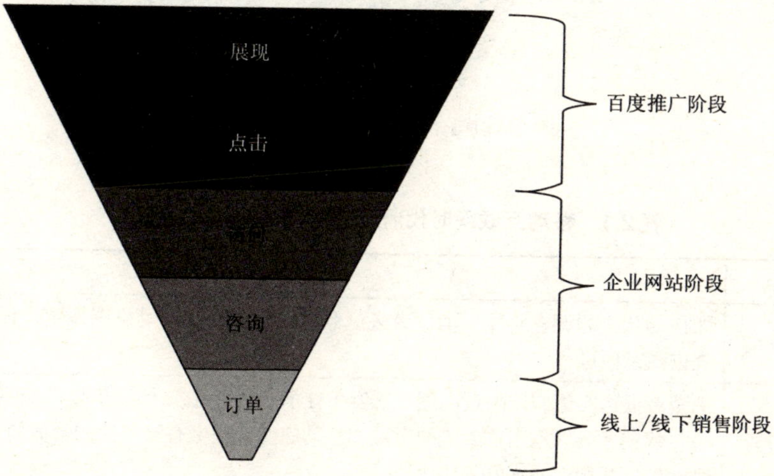

图 2.5 漏斗模型

在“漏斗模型”下，消费者的购买决策路径都是从注意、兴趣、欲望最后到行动，而实体店经营者基本上都是围绕这样一个路径，来制定营销、销售说服策略，对顾客施加影响的。

随着智能手机和平板电脑等移动终端的大量普及，消费者在移动终端购物成了一种新潮流，他们不再是刻意地“去购物”，而是随时随地都可以购物。移动互联网时代，消费者的购物路径也逐渐演变为“六个节点”

（见表 2.1）。

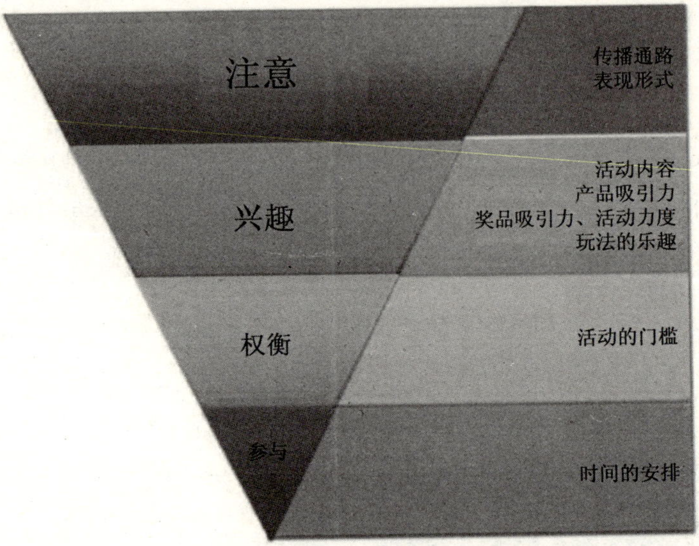

图 2.6 实体店顾客购买路径的“漏斗模型”

表 2.1 移动互联网时代消费者购物路径的六个节点

节点	描述
售前阶段	即移动购物的调查阶段，消费者去逛商店之前会使用移动终端搜索目标商户，查询商家信息
在途阶段	消费者抵达实体店或附近商圈。这发生在消费者前往一个商店或者办事的过程中，营销者要根据用户手机的位置和移动速度，提供有针对性的价值信息，鼓励他们打开特定的 APP 应用程序
到店阶段	消费者到店后，相关的人员应把握机会，做好对接与互动，避免顾客流失，错失良机
决策阶段	沟通了解之后，消费者会权衡利弊，暗自作出购买决策
购买阶段	这也是一个不容忽视的阶段，消费者支付的便利度和商家成交后的微妙态度变化，都会影响消费者的消费体验
售后阶段	消费者会通过手机和各种社交网络分享消费的照片、视频和信息，并在第三方点评平台做出消费评价和打分

这种消费路径不再是一个有组织的线性过程，而是一个消费闭环（见图 2.7）和消费循环，上一次的购物体验将会决定消费者是否会成为回头

客，是否愿意再做一次消费循环。

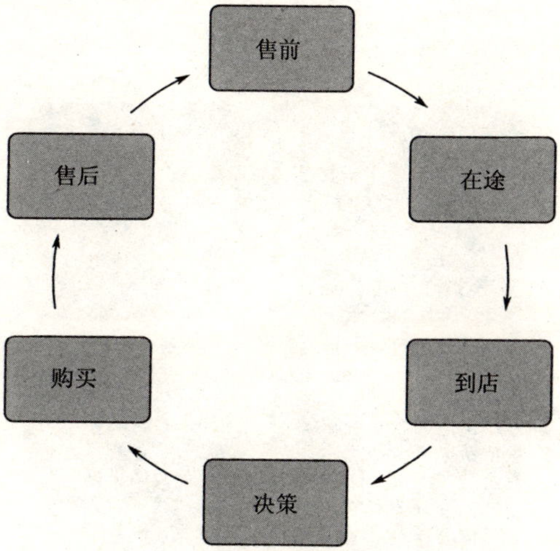

图 2.7 移动互联网背景下的消费者消费闭环

消费者追求跨渠道的一致性服务体验

随着物联网的普及和线上线下商业的高度融合，零售已经进入“4.0[1]时代”。所谓零售 4.0，是指以消费者为中心，整合线上网店和线下实体店，打造全渠道消费触点，旨在为消费者提供一致性、无缝的全流程消费体验，从而满足消费者购物消费、娱乐和社交的综合体验及需求。

零售业 1.0 ～ 4.0 时代如图 2.8 所示。

零售 4.0 时代，传统实体店转型升级势在必行，转型的突破口在于经营顾客关系，提升顾客满意度。

1. 满足消费者全渠道消费需求

零售 4.0 时代，全渠道零售是实体商业逆袭的关键。如今，消费者的购买渠道越来越多，越来越便捷，他们可以选择去电商平台和各种网上

1 六韬三略营销咨询机构创始人王晓峰观点。

商城购买，可以选择去实体店消费，也可以随时随地通过智能移动终端进行购买。

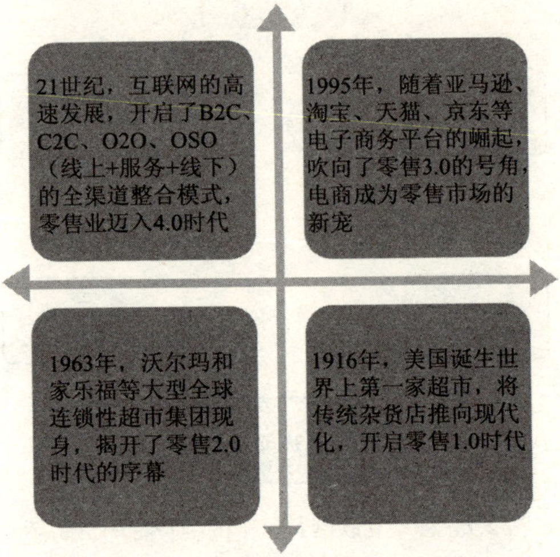

图 2.8　零售业 1.0 ~ 4.0 时代

在新形势下，消费者的一次购买行为可能要横跨几个渠道。比如，消费者在实体店看到一款服装，经过试穿，找到适合自己的号码，出于更实惠的考虑，遂决定在网上购买。

可见，任何一个被独立分割的渠道都不能有效地满足消费者的需求，因此，实体店要着眼于布局全渠道，打通各个环节，充分增加消费者的接触点（见图 2.9），让消费者能够突破时间和空间的限制，享受随心所欲的便捷购物、便捷消费。

这一点，优衣库做得非常到位，他们围绕消费者需求，建立了官网、天猫旗舰店、手机 APP、实体店等多个渠道，极大地提升了消费者的便捷度和购物体验。

2. 提供一致性的服务和消费体验

甲骨文股份有限公司于 2015 年发布的《零售无国界——洞察现代商业零售业》报告显示，[1] 高达 78% 的受访者称全渠道体验是提高消费体验

1《转型期的零售企业如何“讨好”消费者》，六韬三略营销咨询机构，2015 年 10 月 19 日。

的关键，他们希望所有渠道都能提供统一的消费和服务，包括商品品质的一致性、服务水准的一贯性、价格的一致性、产品或品牌信息的高度一致性、服务的无差别一致性、消费者体验的全周期一致性、跨渠道商品品质的一致性，等等。

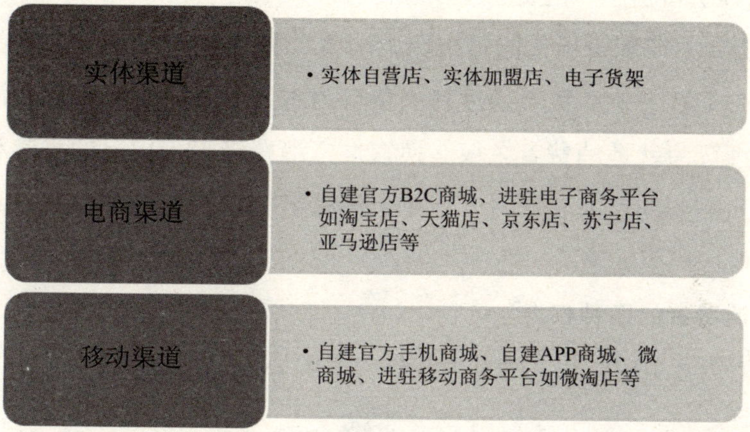

图 2.9　全渠道的消费接触点

在现实商业环境中，目光最短浅的行为莫过于线下商家将团购顾客和到店实消（现场消费）顾客区别对待（区别服务、区别标准、区别区域），这种歧视性的服务，会招致顾客的反感甚至于愤怒。

3. 确保支付手段和方式的通用性

线上和线下渠道的有效融合与互补，只是第一步，让消费者享受到便利和价值才是目的。除了前面提到的要素外，实体店经营者还要确保支付手段和方式的通用性、便捷性。例如在购物券的使用方面，商家需要在支付方面做出调整和改变，确保只要是本店（企业）的购物券，线上和线下都可以使用，具体的使用方式要提前在技术层面予以实现，只有这样才能吸引消费者，从而提升产品（服务）的竞争力。支付方式要与时俱进，提高适应性，支持目标消费人群常用的各种支付方式（支付宝、微信支付、百度钱包、信用卡等），来提高经营效率，提升顾客的消费体验。

消费者主权时代来临

消费者主权并不是一个新概念，它最早出现于现代经济学之父亚当·斯密的《国富论》中。1974 年，诺贝尔经济学奖得主哈耶克（Friedrich A. Hayek）曾提出“消费者主权理论”。

消费者主权理论诠释的是市场上消费者和商家（产品 / 服务提供商）关系的一个概念，消费者通过其消费行为本身来宣示个人意愿和消费偏好，这种行为就是消费者主权。换言之，消费者带着自己的意愿和偏好去选择所需要的产品和服务，于是，消费者的这些意愿和偏好信息就通过市场传达给了商家。

1. 消费者的四种权力

在消费者主权时代，消费者主权的主要表现如图 2.10 所示。

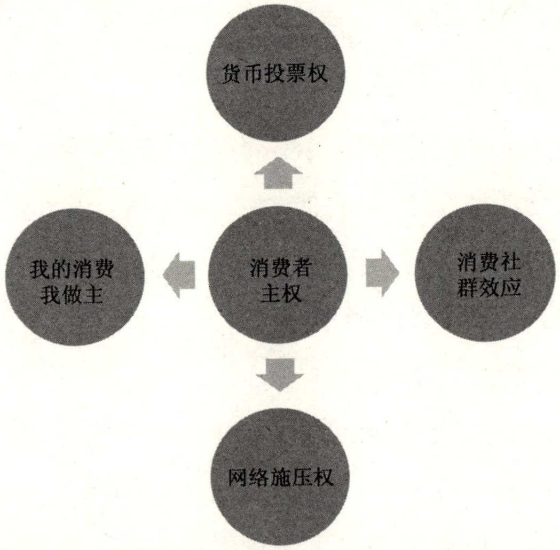

图 2.10　消费者主权的四种表现

第一，我的消费我做主。

在工业文明时代，消费者明明需要五颜六色的汽车，而福特公司却依然只生产黑色的 T 型车。在计划经济时代，消费者明明有需求，却被限制消费。在后工业时代，消费者同样被动，每天都被灌输大量的垃圾促销信息，被各种商家“死缠烂打”，无视消费者的自主诉求。在信息不对称时代，商家利用信息优势，无情蛮横地“绑架”了消费者的需求。

如今，消费者拥有了充分的知情能力和自主选择权，消费者也变得更聪明、更挑剔，他们不仅能够随意搜寻自己感兴趣的消费信息，而且还能自己制造信息，予以传播。消费市场的主导权已经从生产商、零售商、服务商转移到了消费者手中，他们强调的是“我的消费我做主”。

第二，货币投票权。

消费者的货币投票权可以比喻为消费者在市场上每花一元货币就等于拥有了一张选票，消费者喜欢某种商品或服务，愿意花钱消费，就等于向产品或服务提供商投了一票。商家根据消费者的货币投票倾向，来了解消费者的消费习惯和消费动向，以此为依据，来选择适销对路的产品，来设计适合消费者偏好的服务模式。

第三，消费社群效应。

以往，消费者的购买行为通常是个人行为。现在，消费者更喜欢征求自己社交圈子里的好友、同事、亲友、同行或网友，听取他们的消费建议。每一个消费者都能和这些素未谋面的人相互交流，形成消费社群。

社群效应带来的集群影响力，远远大于个体消费者的影响力。社交网络已经从根本上改变了人们的购物方式，因为消费者在购买产品和服务时，越来越不是一个人在单打独斗，他们背后有一群消费者，他们就是社交消费群。

第四，网络施压权。

过去，购买行为结束也意味着一次消费的完成，如今消费者会通过各种社交网络和沟通工具，来分享消费体验，满意时是“各种晒”，不满时则是“各种吐槽”。这些信息，可借助各种网络新媒体工具和沟通工具的分享转发机制，迅速发酵，快速传播。尤其是一些网络大 V 和网红的影响力更是不容小觑，他们的转发评论能够形成二次传播效应，远远超出普通消费者的影响力。

2. 实体店经营者的应对之策

在消费者主权时代，无论是销售产品还是提供服务，无论是零售商还是服务商都必须以消费者为核心，尊重消费者的自主意愿和权利，否则关店危机将不再是危言耸听。那么，消费者主权时代我们可以做些什么呢?

第一，不要试图去“教育消费者”。消费者讨厌被说服和教育，正确的做法应当是研究顾客，揣摩他们的心理，设法去满足消费者的多样化需求。

第二，哪里有痛点，哪里有商机。要去观察并设身处地去体会顾客的痛苦、不适、紧急、窘迫、难受，顾客的这些痛点，就是商家的机会。

第三，把产品和服务做到极致，剩下的选择权交给消费者，不要试图服务好所有的人，圈好自己的目标顾客群即可。

第四，对消费者保持足够的敬畏之心。商家很难做到让每一个消费者每一次消费都满意，但要避免由于自己的“傲慢、粗鲁、无礼、过失”而得罪顾客，要绝对避免得罪正常顾客后的无动于衷。须知，在消费者主权时代，任何一个被冷落、被羞辱、被激怒的消费者都有可能借助移动互联网的力量，推波助澜，重创商家。未来，将有越来越多的商家会因为自己的“傲慢无礼”而付出惨重代价。

第五，努力为产品和服务保鲜。当今，消费者无意识的喜新厌旧已经到了空前的程度，商家如果不革新，不与时俱进，必定要被消费者冷落，乃至遗忘。

◇ 实体店的经营模式再造

生活体验店模式（线下转向手机 APP 模式）

体验店是一种最贴近消费者的线下终端店面，目的是让消费者亲身体验产品和相关的服务。体验店主要是用来展示最新的技术、产品、服务，通过不定期的专题活动，鼓励消费者参与其中，建立沟通渠道，收集消费者的意见反馈，及时改进产品和服务。

体验店存在的价值，是进行体验营销，让消费者通过试用和感知，进而对商家产品或服务的价值和品质产生好感与信赖。

体验店的营销效应如图 2.11 所示。

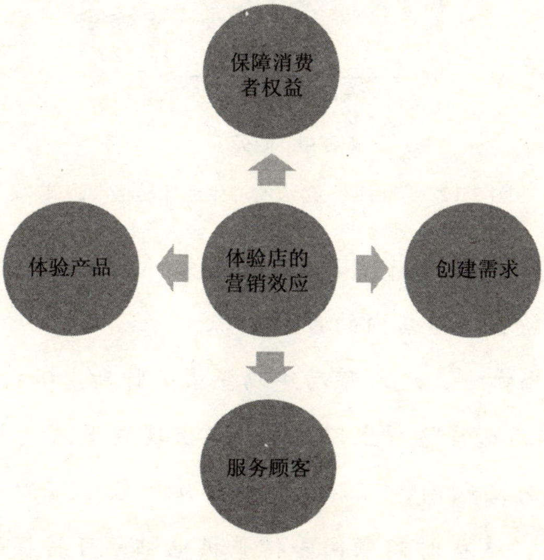

图 2.11　体验店的营销效应

传统体验店主要有两种形式。一种是“只体验、不销售”的体验店，比如小米、华为等 IT 公司的线下体验店；另一种则是“体验兼销售”的体验店，比如各大电商平台如亚马逊、苏宁云商、当当等开设的线下体验店。

近年来，为了应对电商冲击，线下实体店开创了一种新的“生活体验店”模式，致力于打造能够让顾客身临其境的消费新模式，这样的新奇体验能够更全面地满足顾客的消费需求。

主张“不走寻常路”的服装品牌美特斯·邦威开启了“生活体验店+美邦APP”的全新模式（见图2.12）。

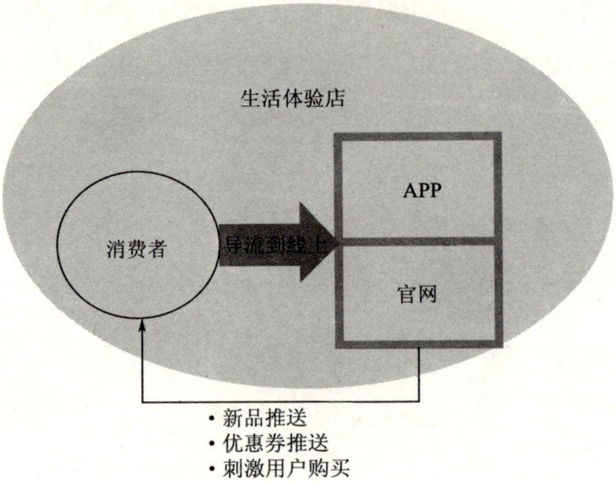

图 2.12 美特斯·邦威的“生活体验店”模式

生活体验店提供高速Wi-Fi环境和惬意的咖啡，通过舒适的上网服务，达到将顾客留在体验店内的目的。

顾客可以边喝咖啡，边用移动终端登录美特斯·邦威APP浏览商品，也可在APP下单后选择送货上门，以此来实现线下向线上引导流量。

体验店内有时尚顾问，可以帮顾客解决服装的搭配问题，给予顾客相应的搭配建议，这些时尚顾问手持平板电脑，可将搭配方案即时、直观地当面呈献给顾客。

顾客如果相中了时尚顾问提供的解决方案，经试穿满意后，如果懒得排队结账，可以直接在时尚顾问的平板电脑上扫描支付。

消费者的购物体验包含理性成分和感性成分，相应地，实体店的店面陈设及服务也应当包含理性部分和感性部分。

理性部分：店面充满了货架和商品，每寸空间都充分利用起来。简单来说，就是目的性很强地销售商品，比如便利店、超市和传统的服装店。

感性部分：除了货架和商品之外，店内会营造出一些消费的感性氛围，比如美特斯·邦威的咖啡和上网服务，店面特意营造出来的这种感性氛围，会促成很多冲动消费，比如星巴克、优衣库和宜家。

“几年前，服装店老板们巴不得天花板上都搭陈列架，360 度全方位无死角，绝不浪费一平方米。但现在这世道完全变了，恨不得娱乐场所统统搬到店里，所以我也挺愁的，不知道下一步到底该怎么做。”一个开服装店的朋友告诉我，她想开一个高端服装体验店。

生活体验店模式是传统实体商家在 O2O 领域的一个大胆、新颖的尝试，它使线下实体店不再局限于静态的线下体验，而是给顾客提供全方位的购物体验。需要注意的是，生活体验店毕竟要占用店面的大量空间，也会消耗相应的资源和投入，二者之间如何找到一个平衡，这是实体店经营者需要认真去考虑的一个问题。

线上向线下导流模式

线上向线下导流模式是 O2O 模式的实践，核心是线下实体店，主要目的是通过 O2O 模式来为线下实体店导流，提高线下实体店的成交量。

线上向线下导流，适用于品牌号召力较强、影响力较大的实体商业，具体导流模式有优惠券、门店查找、品牌宣传、数据营销等（见图 2.13）。

优衣库打造的 O2O 闭环，主要目的就是为线下实体店提供引流服务，帮助线下门店提高销量，并做到推广导流效果可查、每笔交易可追踪。在优衣库的“门店 + 官网 + 天猫旗舰店 + 手机 APP”多渠道布局中，优衣库的手机 APP 可以支持以下几个功能（见图 2.14）。

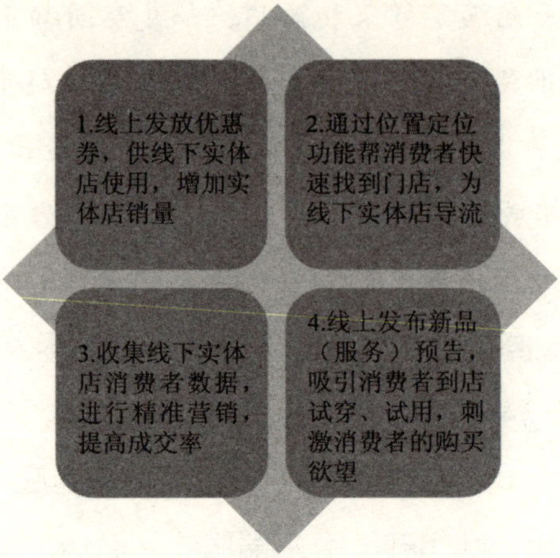

图 2.13 线上向线下导流的四种模式

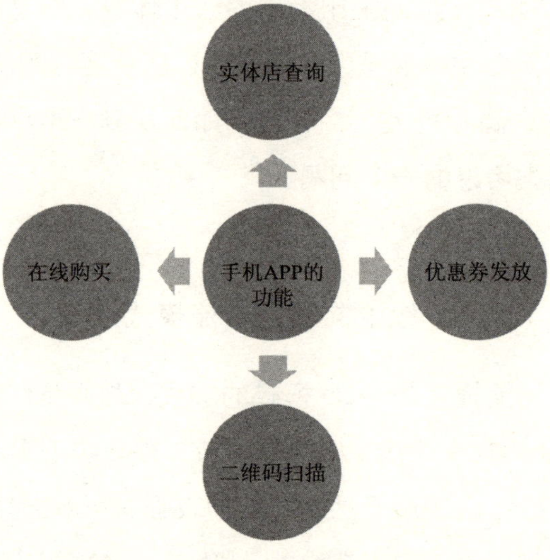

图 2.14 优衣库手机 APP 支持的功能

其中，优衣库的在线购买功能，是通过跳转到手机终端的天猫旗舰店来实现的，优惠券发放和线下店铺查询功能则主要是为了向线下实体店引流，以增加消费者到店消费的频次和客单价，提升经营绩效。

目前来看，优衣库已经有效地实现了线上线下的双向融合（见图 2.15）。

首先，APP 上设计的优惠券、二维码都是为引流而设计，消费者手持 APP，只能在线下实体店内才能扫描使用。

其次，优衣库线下实体店内的商品和优惠券二维码，也只匹配优衣库的 APP，从而可以将线下实体店的消费者吸引到线上，提高 APP 的下载量和用户量，并培养忠实的消费者，实现线上线下融合的良性循环。

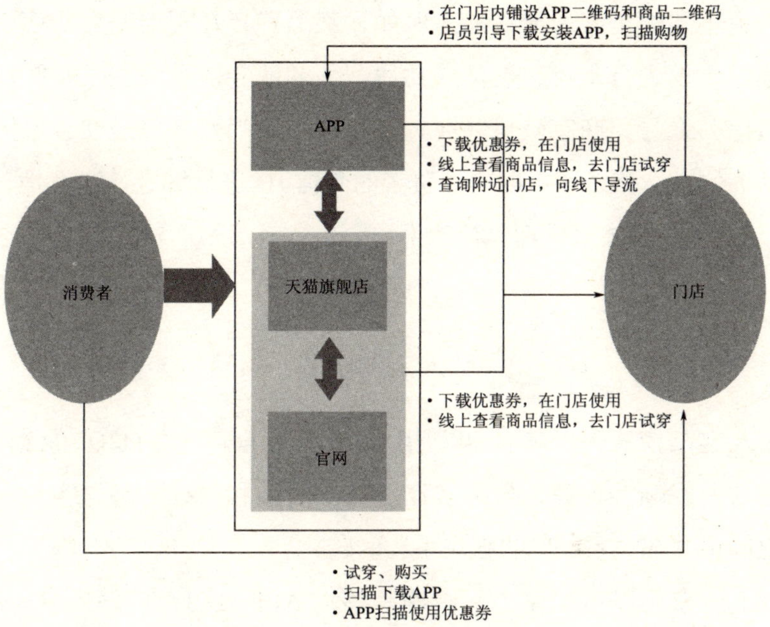

图 2.15　优衣库线上线下导流模式

除此之外，值得线下实体店关注的是现代移动支付手段。其价值并不仅仅是增加一个支付通道，更重要的是它打造了一种全新的门店模式，提升了购物的体验性和便利性，也是将消费者从线上向线下导流的一个重要途径。

“我昨天在西单吃饭，买单的时候，店员说有三种支付方式：现金、刷卡、微信。我就选择了用微信支付，因为这样更加方便快捷，而且还送小礼物。买单的时候只要扫描二维码，输入台号，系统就自动显示出你消费的金额，这个过程很有趣，也增强了消费者的体验感。通过扫描二维码，我也自动成为这家餐厅的会员。”一位消费者说。[1]

线下商家增加新的线上支付方式，能够提高结算效率，减少顾客等待时间。前几日，我去呷哺呷哺用餐，结算时使用的是支付宝，过程的迅捷让我非常惊讶，服务员手持移动终端只需在付款码上一扫，即可完成支付，甚至连密码都无需输入，整个过程只有几秒钟，让人叹为观止。然而，更重要的是其引流功能。例如，某消费者在王府井百货店内，购物后通过微信进行支付，支付成功后，顾客就会自动关注王府井百货集团的微信公众号。商家就可以通过公众账号向消费者发送红包、优惠促销活动等信息，甚至还可以与消费者的微信 ID 进行绑定，这就是一个简单的 CRM（顾客关系管理）管理系统。

私人定制模式

私人定制模式是指实体店利用 O2O 工具（第三方 O2O 平台、自有 APP 等）做好顾客管理，与顾客建立长期联系和无缝沟通，实现商家和顾客之间由“弱关系”向“强关系”的转化。

线下商家可以借助微信、微淘等移动 APP 入口，借助自身的产品、服务和消费体验优势，进行融合创新，致力于为顾客提供细致入微的个性化贴心服务和消费体验创新。

借助私人定制模式，线下商家就可以根据顾客以往的消费记录，有针对性地向其推荐关联度比较强的产品（服务）的新信息和折扣信息。另外，消费者也可以通过 APP 向商家提出自己的个性化需求（送货上门、预约试穿等），商家接收到信息后，会安排专人为消费者提供一对一服务，满足其“私人定制”的需求。

---

1 张颖：《扫码支付，商场开启全渠道战略》，载于《法制晚报》，2014 年 10 月 22 日。

绫致时装公司[1]目前正在实践这种模式（见图 2.16），目前主要是以微信公众平台 + 微购物平台作为入口，支持品牌营销、新品宣传、手机购物等功能，可实现在线导购、预约试衣等服务。顾客到店后，导购会根据顾客的需求进行服装推荐和精准导购。这种模式能够让顾客提前在线上 APP 选择服装，实体店导购根据顾客的选择提前将相应款式、号码的服装准备好，可以有效地节省顾客时间。另外，在店内，导购还可以根据顾客的特殊需求，进行个性化推荐。

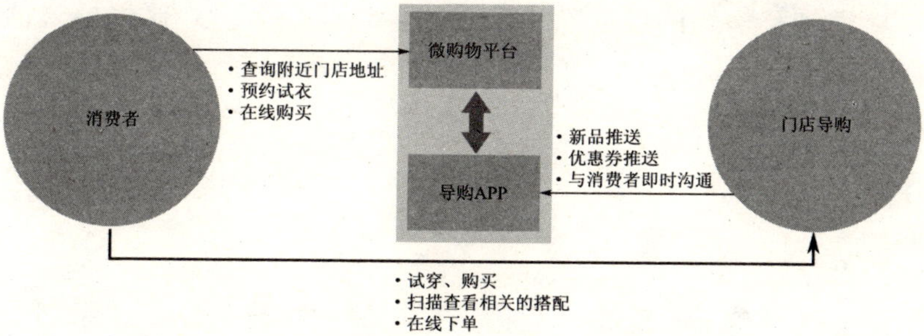

图 2.16 绫致时装公司的“私人定制模式”

绫致时装公司的私人定制模式的亮点是线上线下的有效融合，在于导购一对一的贴心服务。但私人定制本身并非一个全新的模式，实体商业借助私人定制模式，来规避价格战，规避电商冲击，打造差异化竞争优势的案例并不少见。

周艺是德逸坊婚纱礼服高级定制品牌的设计总监，设计师出身的她，更推崇个性化定制，“婚纱也是服装，所以婚纱店的经营模式和一般的服装店有些类似，大部分是直接采购上货，在店里销售。还有就是专业定制，需要有自己的设计团队。对于婚礼这种重要场合，新人对服装的要求相当高，对价格也不敏感，而且个性化定制店多采用工作室形式，占地面积小，运营成本较低，适合刚刚入行的创业者，但其最大的难点就在于要有过硬的设计团队。”起初，低价的电商模式让周艺压力很大，顾

1 旗下拥有杰克琼斯、ONLY、VERO MODA 等知名服装品牌。

客只需要一两百元就可以买到婚纱，这让周艺感觉匪夷所思。“后来我想通了，婚纱是特殊的服装，它的使用人群决定了这个产品市场主要是品质间的竞争。”在周艺看来，自己的专业定制婚纱店，可以根据顾客的形体、爱好、心理价位等综合因素，为顾客提供专业的指导和一对一的定制服务，这也是她的核心竞争力所在。

私人定制模式可以满足消费者个性化、高品质的需求，商家提供的个性化产品和服务，无论电商还是线下竞争对手都难以模仿，能为自己铸就一堵反制竞争的围墙，圈出自己的专属蓝海市场。这种模式值得实体店经营者去认真研究。

粉丝经济模式

粉丝经济，本来的意思是泛指架构在粉丝和被关注者关系之上的经营性创收行为，被关注者多为明星、偶像和行业名人等，他们是粉丝所关注的热点。粉丝愿意花钱购买他们的作品（音乐、画作、演出门票等），被关注者因此有着很高的经济价值，这种经济价值和粉丝量成正比。

凯文·凯利在《技术元素》一书中提出一个“一千个铁杆粉丝”理论：“任何创作艺术作品的人，只需拥有 1 000 名铁杆粉丝，也就是无论你创造出什么作品，他（她）都愿意付费购买的粉丝，便能糊口。这里的铁杆粉丝是指无论你创造出什么作品，他（她）都愿意付费购买。

保守假设，铁杆粉丝每年会用一天的工资来支持你的工作。这里的‘一天的工资’是一个平均值，因为铁杆粉丝肯定愿意花费更多。再假设每个铁杆粉丝每年在你身上消费 100 美元。如果你有 1 000 名粉丝，那么每年就有 10 万美元的收益，减去一些适度的开支，对于大多数人来说，足够生活。”

在社交网络时代，粉丝经济的外延无限扩展，不仅仅是明星、偶像，一些专业人士、自媒体人、网红，乃至企业、商家、店铺都可以拥有自己的粉丝，借助粉丝营销，收获粉丝经济的红利。

实体店 + 粉丝模式，是以消费者为主导，利用各种社会化平台的聚粉功能，定期推送优惠信息和新品信息，做好粉丝关系维护。线下实体店是粉丝经济中的关键一环，粉丝的销售服务、信息采集和管理维护都将以此为中心，这也是 O2O 的连接点。

实体店进行粉丝营销的关键点（见图 2.17）在于以下几方面。

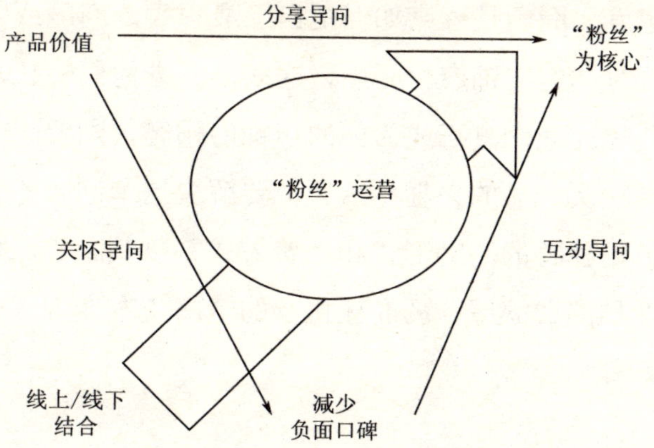

图 2.17　粉丝模式运营的关键点

第一，让粉丝对店铺产生好感。

消费者的好感来源于价值和关怀，粉丝营销不仅仅是通过微信公众号等平台每天向粉丝疯狂推送公众广告等促销信息，来刺激他们进店消费。O2O 平台上的关注者未必是粉丝，会员也未必是粉丝，粉丝有着高度的黏性，能够持续进店消费，对店铺有一定的忠诚度。要聚集这种意义上的粉丝，需要向他们传递价值和关怀。比如，一家化妆品店的微信公众平台，可固定向粉丝推送一些女性日常生活小窍门儿、健康保养小常识、皮肤护理化妆小技巧、时尚着装小建议和时尚娱乐圈的一些最新热点资讯等。必要的时候，可举办一些粉丝互动活动，增强粉丝黏性。当然，要时刻注意粉丝的负面情绪，避免负面口碑的出现。一旦出现负面评论，要及时予以化解，避免大面积扩散。

第二，激发粉丝的购买欲望。

在《粉丝力量大》一书中，作者张嫱对粉丝经济的定义为“粉丝经济以情绪资本为核心，以粉丝社区为营销手段，不断地增值情绪资本。粉丝经济以消费者为主角，由消费者主导营销手段，从消费者的情感出发，企业借力使力，达到为品牌与偶像增值情绪资本的目的”。

粉丝管理的关键在于情绪管理，实体店经营者要切实做到从粉丝的情感和需求出发，而不是琢磨如何把自己最想卖的商品或服务推销给顾客。让粉丝们对你的店铺产生好感，这只是促进他们转化为你的店铺顾客的前提，要想让他们真正成为你的店铺的顾客，则要想方设法地去提高他们进店铺购买产品的兴趣和欲望。要解决这个问题的关键，就要看能否设计出新颖独特的活动形式和消费方式，以刺激粉丝积极参与，激起他们的兴趣和消费欲望，从而让粉丝的情绪资本变现，而非只是赤裸裸地降价或买赠。

◇ 再造实体店赢利模式

异业联盟：共同打造实体店面成交平台

异业联盟，是指各个行业、各种层次的商业主体之间（见图 2.18），为了实现共同的利益，而组成的短期或长期商业联盟。

异业联盟的参与者相对独立，同时又存在一定的利益共享关系，是一个联系相对紧密，而又资源共享、利益共存的联盟。

异业联盟看上去是一个生疏的概念，但在现实商业环境中，它已经很常见。来看两个例子。

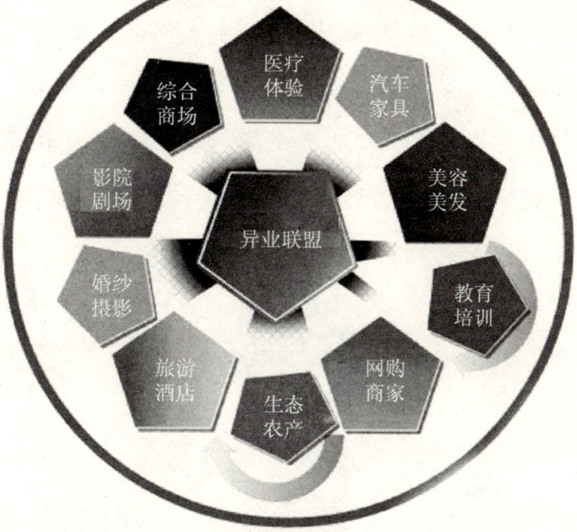

图 2.18　异业联盟的参与者

中信银行信用卡积累了数千万用户，银行想通过积分兑换礼品的形式来提升用户活跃度和用户黏性。肯德基餐厅推出了新款豪华午餐，希望有更多的消费者前来品尝。于是，中信银行的工作人员找到了肯德基，双方一拍即合，共同约定：中信银行信用卡用户用一定数量的积分就可以兑换一份新的午餐套餐。这样，中信银行回馈了老用户，增加了用户黏性，肯德基也实现了引流消费的目的。双方实现了“1+1>2”的双赢效果，皆大欢喜。

30 岁的苏女士开了一家服装店，天性爱美的她经常去一家美容店做 SPA。一次，在跟美容店老板的闲聊中，双方无意中迸发出了一种双赢的合作思路。

苏女士在自己的服装店里帮美容店老板娘做广告宣传，当顾客购物满 300 元时，就赠送一张美容店价值 300 元的免费体验券，当顾客拿着体验券到美容店里体验时，就成了美容店的潜在顾客。同时，苏女士会印制一些代金券放在美容店。美容店顾客消费到一定的额度，就可以得到服装店的代金券，可以直接到服装店里消费，抵扣现金。由于双方在产品上不存在任何竞争，在商业地位上相对平等，面对的消费群体也比较一致，只有合作而没有冲突，互利互惠，双方一拍即合。

异业联盟是指一些没有任何业务交集的商家，为了抵御市场“寒冬”，来“抱团取暖”的一种合作方式，这种合作可为参与者带来诸多积极效益（见图 2.19）。

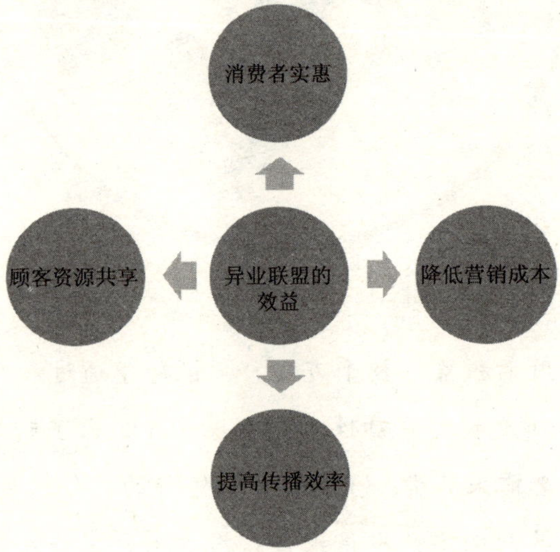

图 2.19 异业联盟的积极效益

第一，实现顾客资源共享。

联盟参与商户之间，可以实现顾客资源的共享，积“众弱”为“众强”，共同对抗电商和线下大品牌、大商家的冲击，这也是异业联盟进行资源共享、资源整合、资源营销的核心。

第二，让消费者得到实惠。

异业联盟可以有效地实现消费者利益最大化，它的实质是将分散的各大利益主体共置于一个公共平台上，在这个平台上，各方均能在合作中实现自己的利益。在这个过程中，消费者也实现了“利益均沾”，得到了最大化的实惠。

第三，降低营销成本。

首先，异业联盟降低了营销成本。联盟商家的联合促销费用一般是由双方和多方共同投入，可以有效地降低广告宣传成本。另外，营业额增加了，也等于变相增加了利润，减少了促销费用。

其次，通过异业联盟的渠道交换借用，可以有效地增加产品（服务）的渗透率，降低昂贵的渠道成本。

第四，提高传播效率。

实体店影响力的扩散和品牌效应的形成，需要通过各种渠道来强化。通过异业联盟，商家可以利用其他商家的品牌影响力和传播渠道进行宣传，彼此搭便车，以有效地提高传播精准度和效率。

微利制胜：“低成本，低价格”模式

2008 年全球金融危机爆发，日元贬值，以性价比高为卖点的丰田汽车，反而卖得更火，其利润比中国汽车行业总利润还高。丰田老总接受记者采访时却说，这不是好现象，因为他不希望让员工认为企业赚钱很容易，养成惰性，忘了初心。

丰田有一句话讲得好，企业利润就像在干毛巾里拧出水来一样。丰田公司有时甚至会主动减少利润，以避免员工人心浮躁，不再专注于品质的精进，导致企业失去竞争力。

国内实体店逆袭电商的成功典范“名创优品”老总叶国富非常推崇日本企业家的这种微利经营哲学，他说：“日本企业几乎没人赚暴利，都讲微利。比如优衣库，一件羽绒服在中国卖 399 元，在日本本土卖 349 元，日本人均收入是我们的 5 倍，相当于日本人 75 元钱买一件羽绒服，你能想象在中国花 70 元钱买一件羽绒服吗？ 170 元都买不到。中国各种不合理的成本太高了！”[1]

低成本、低价格的微利模式，需要胆魄，更需要一流的运营能力。

回顾一下，前文我们提到了“好市多”（Costco）的会员模式。近期，雷军在一次闭门会议演讲中，再次盛赞了这家美国超市。雷军曾去“好市多”体验购物，他是这样描述排队经历的：“我在金山软件公司当高管去美国出差，一下飞机张宏江博士就租了一辆车直奔Costco。完了回来吹了半天，经他一煽呼，除了我所有9个高管都去了。结果晚上回来大家说东西太好了，我就问怎么个好。其实就一件事，便宜。所有的东西都比国内便宜，只有1/10的价格，一堆东西在北京需要人民币9 000多元，而在Costco只要900元钱。”[2] 连雷军都推崇的“好市多”，是最值得中国实体商家研究的公司之一，它以极低的毛利却保持着坚挺的会员忠诚度，它以销售贴近成本的低价著称，让顾客为之疯狂。

在“好市多”，有两条不能触碰的经营红线。

第一，所有商品毛利率不得超过14%，一旦高于这个数字，需要上报CEO，并请董事会批准。

第二，外部的供应商，如果给竞争对手供货的价格低于“好市多”供货的价格，那么它的商品永远不会再出现在“好市多”超市的货架上。

这两条准则严格执行下来，结果就是“好市多”的商品平均毛利率只有7%，而另一家号称“天天低价”的超市沃尔玛，毛利率则在22%～23%。

“好市多”能够保持低毛利的另一个撒手锏，就是我们前文提到的会员制。事实上，商品销售毛利带来的利润，只是企业利润的一小部分，只够用于人事等日常开销，“好市多”的利润主体来自于会员年费。进入“好市多”购物，必须有会员卡，其中执行会员每年的年费为110美元，

1《名创优品联合创始人叶国富：不到两年，开出1 100家门店！》，正和岛，2015年11月3日。

2《被雷军怒赞的Costco超市究竟是什么鬼？》，金错刀频道，2016年7月14日。

非执行会员的年费则是 55 美元。2014 年全年，“好市多”的销售利润为 10 亿美元，会员年费收入则高达 24 亿美元。

“好市多”对商品“死扣”，对员工却不抠门儿，员工薪酬远远高出沃尔玛等同行，离职率只有 5%。在 2014 年，全美企业员工满意度排行榜上，“好市多”仅次于谷歌，排名第二（见图 2.20）。

排名	公司	福利等级
#1	Google	4.4
#2	COSTCO WHOLESALE	4.4
#3	f	4.3
#4	Adobe	4.2
#5	Epic	4.2
#6	intuit	4.2

图 2.20　2014 年美国员工满意度公司排名

用媒体人金错刀的话形容就是：“‘好市多’这么多年所向披靡的最重要原因就是抓住了零售的本质：商品做到极好，价格做到极低，服务做到超预期！这样的零售商能不爆吗？电商能颠覆吗？”[1]

品质为王：“高品质，高价格”模式

实体店商品、服务的定位模式主要有四种（见图 2.21）。

第一，低品质，高价格。这种定位模式属于欺瞒性定位，多是一锤子买卖，很难有回头客。随着信息的日渐透明和消费者变得越来越理性，

1《被雷军怒赞的 Costco 超市究竟是什么鬼？》，金错刀频道，2016 年 7 月 14 日。

这种定位模式的生存空间会越来越小。

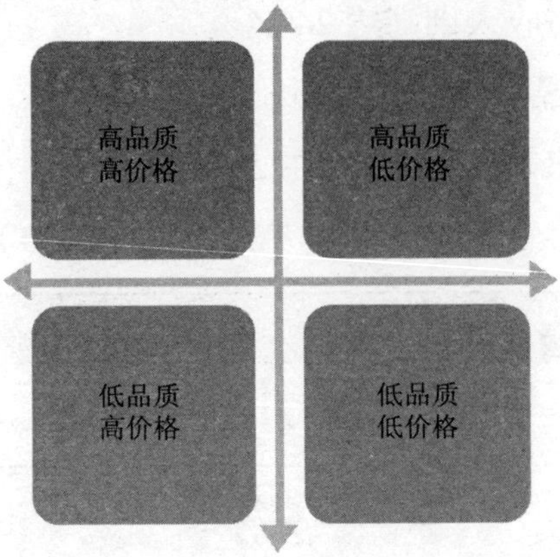

图 2.21　实体店商品、服务的定位模式

第二，低品质，低价格。这种定位模式针对的是低收入人群。它有着庞大的用户基数，但随着顾客的日渐挑剔，唯有不断地提升品质和服务质量，才能赢得更多的生存空间。

第三，高品质，低价格。商家凭借高品质、低价格的“爆款”产品、服务，能迅速撬开市场，聚拢一大批粉丝型消费者，在竞争惨烈的红海市场中杀出一片蓝海。比如“好市多”和“名创优品”。

第四，高品质，高价格。我们提到消费者消费观念的两极化倾向，其中一极就是高消费、奢华消费。高消费对应的必然是高品质的产品和服务。

对于“高品质，高价格”的定位模式，消费者会买账吗？答案是肯定的。在济南有一家“老黑烧烤”，非常受欢迎，顾客想吃到它，并不容易。

“老黑烧烤”摆在济南的一处小树林里，每周只是一三五出摊，其他时间休息。来“老黑烧烤”吃烤串，需要提前预约，否则概不伺候。有很多明星都是“老黑烧烤”的常客。羊肉串 20 元一串。注意它不是类似北京地坛庙会上的那种巨型肉串，而是普通的小肉串。人均消费三五百元，甚至上千元，很是寻常。羊肉全是从新疆空运到济南的新鲜肉。

这就是典型的“高品质，高价格”，却让消费者趋之若鹜。

坐落在台北东区的“牛爸爸”是一家牛肉面馆，门店面积并不大，只能容纳 40 个人同时就座，可是这里却有世界上最贵的牛肉面，每碗面的售价高达 10 000 元新台币，折合人民币 2 123 元。《华尔街日报》曾以《全世界最贵的面？》为题对“牛爸爸”进行过专题报道，让它享誉海内外。“牛爸爸”的牛肉面贵在何处呢？

第一，极致的口感。为了找到更好的保存牛肉汤香味的方法，“牛爸爸”的创始人王聪源亲自试吃，几乎尝试了上千遍，甚至梦里，他都在分析牛肉面的做法。

第二，极致的原料。为了采购到品质最好的牛肉，王聪源从来不计较代价，最后连供应商都对他无话可说了。“牛爸爸”所选取的牛肉都来自澳大利亚、巴西、美国以及日本等原产国，每一块牛肉都有独特的造型。

第三，极度精细化。“牛爸爸”有五六种颜色的汤汁，分别是选取牛身上的不同部位熬制而成的，做到了极致。可供顾客选择的有 20 多种面条，宽的、细的、圆的、扁的，应有尽有，还会根据顾客对面条软硬的不同要求来进行煮制。

第四，只求品质，不求规模。“牛爸爸”名声很大，王聪源并没有想着扩大规模。他在台湾只有一家店面，每天只摆出四张桌子，一天只供 20 个客人就餐，重在品质，重在客人满意，而不追求数量。“我们不会让更多的客人同时就餐，客人数量如果上升了，我就会提高面条的价格，甚至把店面转到更加偏远的地方。很多人觉得这完全不是做生意的逻辑，可是我觉得，一个厨师煮十碗面，和三个厨师煮一碗面相对比，区别肯定很明显。”[1] 这就是“高品质、高价格”的逻辑（见图 2.22）。

1 章莉：《牛爸爸：为什么我的牛肉面能卖到2000元一碗？》，联商网，2015 年 11 月 18 日。

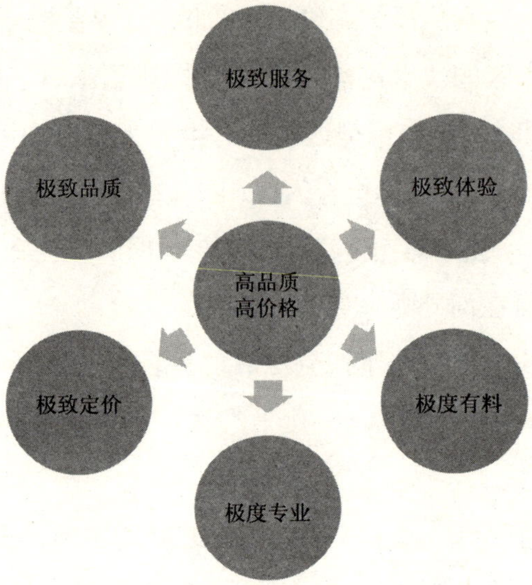

图 2.22 “高品质、高价格”模式的支撑点

“掌控”产业链，提升话语权

山东省是全国主要的蔬菜产区。2012 年冬天，山东省蔬菜大丰收，可是很多菜农却落了个血本无归的下场。在山东省潍坊市，田间地头的白菜最初收购价竟然只有 0.12 元 /kg。菜农种植一亩白菜要投入的成本包括播种、耕地、施肥、灌溉、打药，再加上人工，约为 1 500 元，以亩产 4 000kg 计算，每亩地仅能回收 500 元，只是成本的零头。别看蔬菜的收购价便宜，进入市场后的售价却不低，如今的蔬菜市场上已经鲜见一元以下的蔬菜了。

著名竞争战略学家迈克尔 · 波特教授在其价值链分析模型中强调，产业链的不同环节增值空间存在很大差异，维持上下游竞争优势对构建企业核心竞争力意义重大。

1992 年，宏基集团创办人施振荣先生提出了有名的“微笑曲线”理论。之所以被称为微笑曲线，是因为它是呈微笑嘴形的一条曲线（见图

2.23），两端朝上。在产业链中，附加值更多地体现在两端的设计和销售环节，处于中间环节的制造，附加值最低。

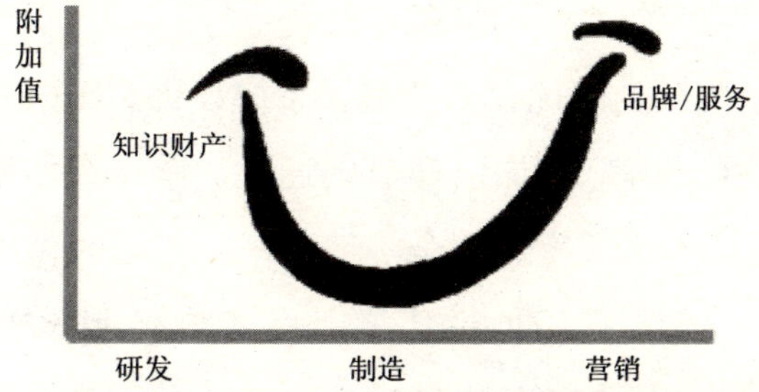

图 2.23　微笑曲线

显而易见，菜贩处于微笑曲线的右端，利润空间较大，而菜农则位于微笑曲线的谷底，最没有话语权和定价权，只能赚取微薄的利润，甚至亏损、入不敷出。按理说，实体店是直接面对顾客的销售终端，处于微笑曲线的营销、销售环节，处于相对有利的位置。不过，当所有竞争对手都处于同一条起跑线时，这种优势将不再是优势。

如何打造更有利的产业链环境，是实体零售业者同样要去考虑的一个问题。具体可通过以下两种方式去优化产业链布局。

第一，掌控上游产业链。

“迪卡侬”是法国的一家体育用品零售商，在电商冲击、竞争对手频频收缩战线、关停门店的背景下，它却实现了逆势增长。2014 财年，“迪卡侬”全球营业收入达 82 亿欧元，同比增长 10%，中国区则实现营业收入增长 46%，销售额连续 3 年增长超过 40%。[1]

和“好市多”“阿尔迪”等零售商一样，“迪卡侬”的核心竞争力也体现在产品的高性价比上，这得益于“迪卡侬”的全产业链布局。“迪卡侬”构建了包括采购、设计、生产、品牌、物流、零售等在内的完整的体育用品产业链，剔除了一切中间环节，将产品质量和成本的控制权牢牢把

1《揭秘迪卡侬、宜家业绩如何做到高增长：掌握产业链》，载于《中国连锁》，2016 年 1 月 22 日。

控在手。

“迪卡侬”拥有20多个自有品牌，生产基地遍布摩洛哥、土耳其、中国等成本相对低廉的国家和地区。

首先，“迪卡侬”通过优化产业链，掌控设计、零售等高附加值的环节。其次，对于生产等低附加值环节则通过“全球布局”思维，根据不同地域的劳动力成本、汇率、安全等情况对生产随时做出调整。这种模式一直延续至今，确保了“迪卡侬”的竞争优势和成长力。2014年，“迪卡侬”在中国新开商场32家。2015年，“迪卡侬”在中国新开店数量则达到49家，在大中华区总计拥有166家门店。[1]

第二，提升产业链话语权。

对于中小商家而言，直接涉足上游产业不太现实，但可以通过运作，在小范围内实现有限度的产业链话语权，改善生存环境。

说一下宜家模式，与“迪卡侬”直接进军上游产业链不同，宜家对上游重点放在了“把控”上，仅抓住产品设计和销售这两个处于微笑曲线两端的利润回报最大的环节，其余的利润回报较低的环节基本采用外包的方式完成产业链的协同。

宜家通过规模效应，提高议价能力，对供应商进行压价，同时把性价比最高的商品出售给消费者。为了降低采购成本，宜家在全球设有30多个代表处，他们在全球范围内不断地搜罗供应商，通过规模优势和谈判优势与之博弈，采取评分竞标的方式筛选供应商，使供应商不得不降低价格以赢取订单。另外，为了避免受制于供应商，宜家对产品都有设计专利，只是委托供应商生产，这是宜家能够控制供应商的另一件法宝。通过对产业链核心环节的重点把控和布局，宜家也活得很滋润。

1《迪卡侬在华商场数量已达166家，2015年开店数量创新高》，赢商网，2016年1月8日。

第3章 店商武器之"离别钩"

打好融合牌：跨界融合，免遭打劫

跨界的，从来不是专业的，创新者以前所未有的迅猛，从一个领域进入另一个领域。门缝正在裂开，边界正在打开，传统的广告业、运输业、零售业、酒店业、服务业、医疗卫生等，都可能被逐一击破。

◇ 跨界融合，免遭打劫

你不跨界，必遭打劫

一切都在跨界！这个趋势，对守旧者很可怕，对后来者，对创新者，则是一个莫大的机遇。

《人民日报》在 2014 年 8 月 20 日刊登署名马利的文章指出，一个行业面临变革的时候，也往往是最能触动反思的时候。如果不自我革新，就可能被推向边缘，我们不敢跨界，就有人敢跨过来“打劫”。互联网时代，一切变化都有可能。

未来，酒吧还只是酒吧吗？去咖啡厅还只是喝咖啡吗？酒店就只能用来睡觉吗？美容业就靠坐等顾客上门吗？银行等待的区域可不可以变成新兴书店？如果你还是用传统思路做传统实体店，恐怕机会已经不多了。

细心观察的人已经发现，传统的实体店开始“变脸”了：超市不再像卖场，商品陈列注重体验感，还多了婴童中心、名酒中心、家庭厨房及轻餐饮等跨界“场景”；咖啡馆再也不是以往的老样子，而是成了创业孵化器；服装店里可以喝咖啡，享用小吃；在银行大厅等待办理业务也不再无聊，你可以喝咖啡打发时间……

我们看到，优衣库引入了星巴克。在美国纽约的优衣库门店，顾客可以把玩店家准备的 iPad，还能美美地喝上一杯星巴克的咖啡。招商银行则开启了“咖啡银行”，在位于北京的第一家“咖啡银行”中，红色的招行标志和棕色的“咖啡陪你”标志各占一半，客户办理业务之暇，还可以喝咖啡。永辉超市则牵手地产企业，为消费者提供全方位的跨界服务，顾客凭借购物小票，可到与其合作的地产公司兑换同等金额的购房优惠券。

前文提及的各种生活体验店，其实也是跨界经营的一种形式。

我对跨界的理解是：把某个消费群体的总需求大致相同而品类不同的各种延伸性物品、服务聚集整合起来，就能实现关联销售。跨界并非灵丹妙药，一跨就灵，总体来讲，实体店的跨界应当具有如下基础（见图 3.1）。

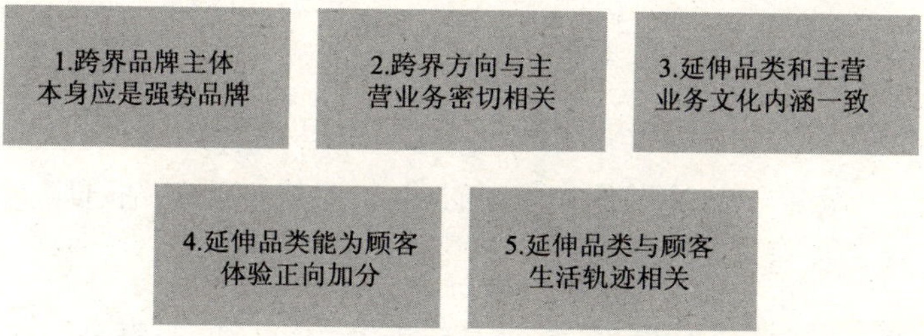

图 3.1　实体店跨界的五个前提

实体店做跨界融合时，要注意规避以下风险（见图 3.2）。

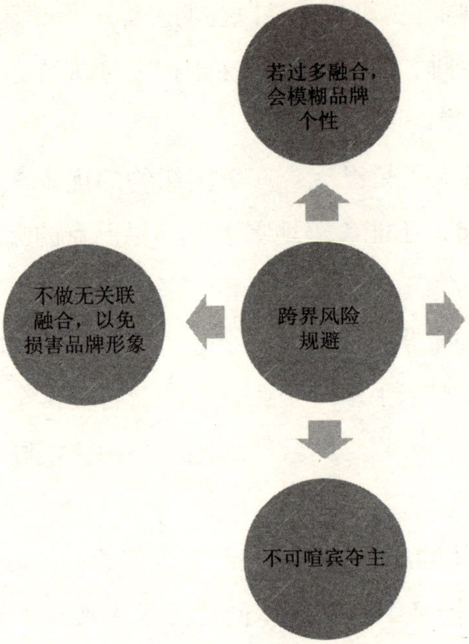

图 3.2 实体店跨界融合风险规避

“做专”与“做广”

未来的实体店在“做广”（跨界融合、合纵连横）的同时，还要“做专”。所谓“做专”就是聚焦自身的定位、深耕商品、钻研服务、心无旁骛地做好核心业务。

在北京五道口，有一家名为“枣糕王”的小店，一直是该区域的一道风景线，无论早晚，无论天气如何，它门前的顾客总是排起长龙。在获悉这家 $10m^2$ 的小店即将搬迁时，竟然有 200 多个投资人给店主打电话，洽谈投资事宜。在店主陈立看来，“虽然我的店只有 $10m^2$，但它不是夫妻店那种模式，而是专业地做生意、商业化地（运营），只是规模太小而已。”[1]

1《这家 10 多平方米的小店搬迁时，接到了 200 多个投资人电话》，正和岛，2016 年 5 月 16 日。

“枣糕王”的专业表现在以下几个方面。

第一，极致的产品。

顾客追捧的是“枣糕王”的极致口感，他们的枣糕是怎么做出来的呢？陈立说：“有人问我怎么做枣糕，我说你把大枣三个生长周期和四个组成部分弄清楚了再去做，没弄清楚就别做。材料方面，高筋面、中筋面、低筋面，富强面粉、标准面粉，还有淀粉之类的，它们是怎么生产出来的？为什么要这样分？为什么不统一叫‘面’？你要把条条框框根源全部都弄清楚，然后你就知道它们的优点在哪儿、缺点在哪儿，该怎么去做。不怕没有方法，怕的是你不去了解掌握它。”

第二，专业的服务。

这里的专业体现在动作娴熟、迅捷上。“枣糕王”每天要卖将近 2 000 份枣糕，算上间歇时间，大概每 53 秒售出一份，工人装袋的时间约为 33 秒，时间利用率已经到了极限。

第三，稳定的口感。

饮食行业最忌口感不稳定，最难做到的其实也是口感的稳定一致。对此，陈立的观点是：“稳定很重要，它有自然的合理，还有人为干预的合理，人为干预的合理才能做到‘稳定性’。‘稳定’指的是即使你使用不同的工艺来操作，每一种工艺带来的变化都应该是可控制的。一个小吃也有它的合理性，没有合理性它怎么能够长期稳定？人们今天来吃，下个月来吃，明年来吃还都一样。你要把自己的口味做上去，口味是一个整体概念，是对你的一个店、一种食品或者定位的统称。”

第四，口感亲自控制，不做连锁。

“枣糕王”的陈立说：“我不做连锁，我做直营店，（它们）都是由我自己控制，因为这个东西差一点儿火候就会不一样。我有我的追求。枣糕的动态变化是很大的，它在不同的季度需要的操作是不一样的，甚至每一天的早中晚都是在变化的。假如天气热的话，变化都按小时计算。”

第五，价格稳定。

“枣糕王”做枣糕六七年，仅在2011年的时候因物价上涨，将售价上调过一次，其他时间，再也没涨过价。

“枣糕王”并没有高深的商业逻辑，他们的成功之道，说简单很简单，只要用心和坚持，都能学得会。说难又很难，因为极少会有人能耐得住这种寂寞，下得了这种苦心。相对于“做广”，“做专”才是实体店的本真所在。甚至，如果你能在“做专”这条路上走到极致，做到让消费者如痴如醉，那么，完全可以不去“做广”。

寻找共同经营心态的“房东”

实体店商户经过多年经营后，会形成一定的商业影响力，这是一种无形资产，如果撤店或变更地址，这种无形资产和影响力就会消失，一切又要从头开始。

在店铺经营良好的情况下，承租人最担心的一件事莫过于房东以各种缘由将商铺收回。比如，某家店铺生意红火，房东看得眼红，想收回来自己做生意，自己经营。在这种情况下，即使有租赁合同约束，对于那些不具备契约精神的房东而言，也无济于事，他们完全可以借助漫天要价、大涨房租的手段将承租人逼走。

为了规避可能出现的这种风险，商户应提前做出安排。

1. 签署周期尽可能长的租赁合同

麦当劳的店铺选址标准中有这样一条约定——租期至少10年以上。

1969年初，麦当劳筹划进入日本市场。有一天，麦当劳总裁克罗克问日本分公司总经理藤田：“你是打算先租赁店铺，还是先招加盟商呢？”藤田说：“当然是先招加盟商啦，如果凑巧他们有自己的商铺，我们会省去很多麻烦。”克罗克听后连连摇头，说：“你要先去租店铺，再招加盟商。”

一个月后，藤田找到了店铺，租金总计 20 万美元。克罗克问：“东京的房租难道这么低吗？ 10 年房租竟然只要 20 万美元？”“10 年？不，不，这只是 3 年的租金，我打算跟房东签 3 年的租赁合同。”克罗克又连连摇头：“你要跟房东签 10 年的合同，而且要一次性付清全部租金。”藤田不解，反驳说：“一次性付 10 年的租金，这太不划算了。”克罗克笑着解释道：“一次性支付 10 年租金，房东就不会再吵着要涨房租了，这样，加盟商也就离不开我们，无法另起炉灶了。”藤田点点头说：“这样的话，加盟商就是想背叛我们也不行。”“是的，如果他们不按约定交加盟费，我们就可以将他们赶走，然后再招一个，反正顾客已经习惯了这里，谁是加盟商对他们来说都一样。”克罗克说。藤田找到房东，一次性支付了 10 年的房租。

周期长的租赁合同，能够有效地避免房东漫天涨价，同时也能稳扎稳打，让店铺扎下根来，使无形资产不断地增值。

2. 寻找具有共同经营心态的房东

我们发现日本的实体商业很成熟，竞争力非常强，电商对其基本上形不成冲击。其中一个重要因素就在于，日本人有共同经营的心态。

举一个简单的例子，中国有些商铺、商场从设计到开业的周期非常短，往往只有半年的时间，甚至在开业前一夜，还有大量施工人员在现场突击，赶进度。而日本东京的六本木商业区，精心打磨了整整 15 年，才正式开业。他们从商户需求出发，从消费者需求出发，悉心研磨，打造出来的商业项目更加人性化，更贴近店铺经营者，贴近消费者，贴近生活，贴近商业的本质。反观国内商铺的房东，基本上都缺乏品牌意识，缺乏跟承租人共同经营的心态，有着严重的房东心态，只看重短期利益。在国内商业大环境中，找到具有共同经营心态的房东，比较困难。

3. 签订正式的租赁合同

租赁合同是保障承租人利益的重要凭证。除了常规的合同条款，还需要注意以下内容（见图 3.3）。

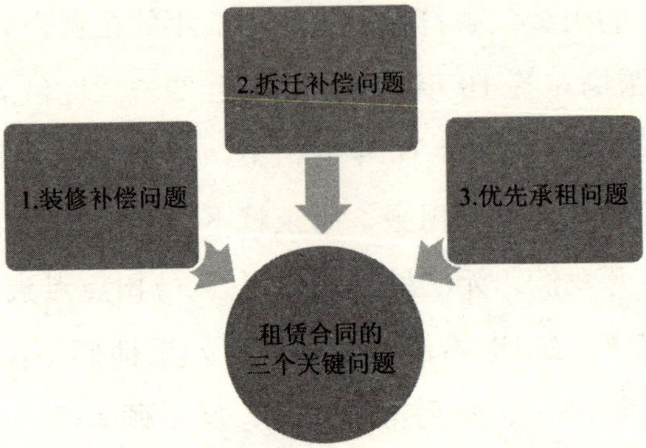

图 3.3　店铺租赁合同的三个关键问题

（1）装修补偿问题。

商铺租赁后，承租人通常会根据经营需要对店铺进行装修，租赁协议期满或提前终止时的装修折旧与补偿方式一定要约定清楚。如果因承租人违约导致租赁合同提前终止，那么承租人无权要求出租人给予装修补偿。如果因出租人的原因而导致租赁合同提前终止，则出租人应做出补偿，并约定补偿标准和补偿形式。

（2）拆迁补偿问题。

之所以提及该问题，是因为按照《国有土地上房屋征收与补偿条例》规定，房屋的征收及补偿仅针对房屋的所有权人。也就是说，一旦承租的店面发生征收，则国家是不对承租人进行补偿的。

因此，承租人必须与出租人对发生征收补偿时如何处理双方的关系作出约定。因为一旦发生征收事件，租赁合同将无法继续履行，双方应约定对承租人的损失进行价值补偿，补偿的范围包括预期经营利益的损失、装修折旧损失、搬迁费用等。补偿标准要做到具体化、数值化，以便于后期操作。

（3）优先承租问题。

租赁合同到期，经营良好的店主往往希望继续承租。因此，应在合同条款中约定相应的条款，保障自己的优先承租权。这里有以下两个要点。

第一，明确什么是“出租人继续出租”。如果出租人要收回店铺自用，那么对自用的期限就可以加以限制，例如至少自用 1 年，否则视为出租人违约，应承担一定数额的违约赔偿责任。这样可以防止出租人收回房屋自用一天然后出租以阻断“继续出租”的情形出现。

第二，约定什么是“同等条件”。例如租金上下不超过 10% 就算同等条件，比如原租金是 10 000 元，其他承租人给出的价格只要不超过 11 000 元，原承租人就有权以 10 000 元继续承租，这样可以防止侵害优先承租权的情形出现。

◇ + 互联网：实体店如何做加法

实体店经营者需了解互联网思维

短短几十年，国内先后经历了工业时代、互联网时代和移动互联网时代。大数据、物联网、智能硬件等新鲜事物接踵而至，三个不同阶段的产业时代相互冲击，让身处其中的人都看不清未来，找不到方向。

互联网时代，实体店若再固守传统思维，注定会四处碰壁。未来一定属于既能深刻理解传统商业的本质，也具有互联网思维的人。而所谓商业的互联网化，主要表现在以下两个方面。

第一，商家将重新构建跟消费者之间的关系。

第二，商家利用互联网工具改造内部经营流程。为了更好地说明互联网思维在商业实战上的魔力，我们来看两个案例。

案例一：2014年，业界流传“黄太吉”被估值12亿元。“黄太吉”用互联网思维做煎饼果子，竟然能做到十几亿元，引起了业界的热烈讨论。

案例二：在北京环球金融中心，一个$40m^2$的门面房里，24岁的湖南省常德市人、北京大学法学院即将毕业的硕士研究生张天一，也开了一家牛肉粉店。它的海报招牌上写着“硕士粉，良心粉”。和他一起创业的三个小伙伴更是有硕士、MBA，还有前公务员。张天一认为，一是自己有乡土优势，二是借鉴了互联网思维。

这两个餐饮业态有所不同，但又惊人地相似，都可以称之为互联网品牌，在其经营思维上贯穿着同样的互联网思维。

我们可以从这些新型的餐饮店中，找到一个普遍的现象，那就是它们不只是单纯地卖煎饼果子、卖牛肉粉，它们和传统的小饭店有着本质的区别，它们更多的是带着互联网的思维在经营。比如，“黄太吉”创始人赫畅就有在知名互联网企业从业的经历，而张天一和他的创业伙伴们打出的招牌“硕士粉，良心粉”，则是借自己的身份制造了噱头，运用互联网思维来运作宣传。

那么，互联网思维到底是什么呢？在言必称“互联网”的时代，这个概念经常被滥用。互联网思维到底是什么，莫衷一是。阿里巴巴的首席战略官曾鸣认为，互联网精神是八个字：平等、开放、互动、迭代。小米公司的雷军表示，互联网的核心思想是七个字：专注、极致、口碑、快。“黄太吉”的创始人赫畅则总结出十个字：文艺复兴、小时代、社群、势。

互联网思维的“七字诀”如图3.4所示。

下面引入正题，我们总结出“互联网思维的三大定义”。

（1）依托互联网做传播，找到目标客户群，也让目标客户群认识你并互动。

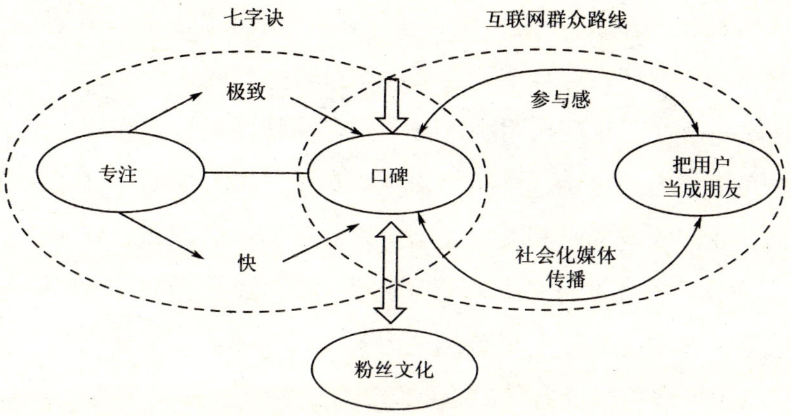

图 3.4　互联网思维的“七字诀”[1]

（2）以用户需求为导向进行产品开发、服务设计，根据目标客户群的需求做精准型“窄众产品”。

（3）微小改进，快速迭代，以互联网手段收集反馈，迅速改进产品、服务，进行再传播。随着功能、服务及产品线的完善与扩充，逐步扩大目标客户群。

需要注意的是，互联网思维如同一个中药方子，每一味药都常见，配在一起却可能有奇效。如果片面地看待互联网，任何一点单独拿出来都没有什么奇特之处。互联网思维是把这些要素组合起来，产生破坏性的模式创新。

互联网思维不等同于线上销售

很多实体店经营者认为，所谓互联网思维就是将产品、服务搬到线上去销售，去开个网店，去跟团购平台合作，推出团购套餐，或跟外卖平台合作，让消费者在网上也能找到自己，这样就做到了 O2O 的跨越，实践了互联网思维。其实，互联网绝非只是一个销售渠道，就像京东的崛起并

1 根据雷军互联网思维手稿整理。

不仅仅是因为它把商品放在网上销售，它是一项系统工程，更是一种系统思维。

我曾经通过百度糯米团购过一个知名品牌的蛋糕，完成付款后，按照团购页面上留的电话，给线下蛋糕店拨了过去，提前预订了蛋糕。24小时后，我在约定的时间去附近一家该品牌实体店取货，到了之后商家称没接到我所描述的订单。奇怪了！我翻出通话记录，找到那个电话，拨了过去，核实之后，发现竟然是另一家蛋糕店的。距离挺远，又恰逢下雨，我就问能否送货上门（以往都能送），接线员很生冷地回答说不能。我只得赶过去，好不容易找到了那家店面，店员很热情。不过当她得知我是取团购蛋糕时，立马走开去招待其他顾客了。后来，另一名员工给我包装蛋糕时，全程冷若冰霜，一言不发，我也懒得再说什么。真是一次极度不爽的购物体验！

将销售搬到线下，只是实体店拥抱互联网的第一步，还要配合以完善的线上线下衔接、全程无痛点的消费体验。否则，顾客一旦遇到不满就会借助各种网络平台去发泄怒火，网络会将这种负面效应无限放大，让商家难以招架。

我们来见识一下，什么才是真正的用互联网思维做蛋糕。

吴滋峰生于1980年，是一个连续创业者，因为前几次成功的创业经历，让他30刚出头就实现了很多人梦寐以求的财务自由。卖了公司之后，吴滋峰还想做点儿事儿，他给自己定下了筛选项目的三个标准。

首先，巨头不容易进入的行业，这样就不会被轻易颠覆。

其次，客单价和毛利率要高，要做的是持久的生意。

最后，有故事可讲，能进行故事营销。

寻来觅去，吴滋峰发现开烘焙店是一个理想的选择，它几乎完全满足上述三个标准。烘焙的客单价和毛利率之高，是业内公认的。好利来一个8寸的奶油蛋糕，要价就在168元，其成本充其量只有15 ~ 20元。

一块售价 20 元的提拉米苏，成本可能只有 1 元钱，利润非常可观。

2011 年，吴滋峰这个搅局者进入烘焙业。[1] 开始他只是做了一个网上销售平台，把上海所有的知名蛋糕品牌都放在上面销售，自己负责配送环节。半年之后这个模式被证明行不通，因为最核心的产品并没能给顾客带来颠覆性的体验。

于是，吴滋峰掉转船头，用互联网思维打造新的蛋糕品牌“极致蛋糕”，吴滋峰充分借鉴了雷军的小米模式，这个品牌在很大的程度上也确实实现了雷军的互联网思维七字诀“专注、极致、口碑、快”。

1. 专注

“极致蛋糕”不求大而全，只求“小而美”，只做“爆款”，每年只做 12 款“星座蛋糕”。这 12 款蛋糕分别对应着 12 个星座，并按星座的时间区间进行发售。也就是说，过了时限，就买不到之前星座的蛋糕了。

在每个星座月，“极致蛋糕”都会专心做好当月款的星座蛋糕，每款蛋糕都被做成供不应求的“爆款”。

2. 极致

“极致蛋糕”的极致是有目共睹的。例如，每年 3 月 21 日到 4 月 19 日是白羊座，于是就只卖白羊蛋糕。“极致蛋糕”还花一万多的月薪聘请了一名星座师（有资格证书），来分析白羊座喜欢什么口味和包装，将白羊座人群的各种需求都融入其中。星座师给吴滋峰提了很多宝贵的建议，例如从白羊座切换到金牛座的标准时间是 4 月 22 日 12 点 17 分，于是“极致蛋糕”的网站就按这个标准时间切换，分秒不差，显得特别专业。

“极致蛋糕”专门聘请了香港上市公司克里斯汀蛋糕的研发中坚 Vine 吴出任副总裁，Vine 吴是中国十大烘焙名师之一，带领过 500 人的烘焙团队。现在带领“极致蛋糕”20 人的团队做蛋糕产品。

“极致蛋糕”的包装做得堪称极致，很大气，基本是向着 PRADA 的

1 鲁浩：《吴滋峰：用互联网做到极致蛋糕》，载于《南方都市报》，2014 年 5 月 12 日。

包装标准看齐，还附送不锈钢刀叉，免运费。这么极致的蛋糕，售价多少呢？只有 50 ~ 100 元，前期为了宣传造势，制作极其精美的白羊座蛋糕定价仅为 58 元 (接近成本价)，一下子就引爆了市场。

3. 口碑

小米模式里很重要的一点是注重口碑，重视粉丝经济，“极致蛋糕”也很注重培养自己的忠实粉丝和分享型粉丝。除了寻常的社会化营销之外，“极致蛋糕”还会让粉丝参与决定下个月的新款样式，邀请粉丝试吃，以此来培养粉丝的主人翁意识，让他们主动为企业宣传造势。

“极致蛋糕”还采取了一个狠招儿，寻找 100 名铁杆儿粉丝，然后培养他们，给他们灌输“极致蛋糕”的理念，甚至是无偿的“供养”他们，免费送他们蛋糕吃。供应的目的当然不是为了赚钱，而是借助他们的社交网络影响力，去为“极致蛋糕”造势，营造良好的口碑。

4. 快

“极致蛋糕”提供的是特殊产品，它的快更多地反映在准时上。例如，如果有用户打算晚上 7 点和朋友庆祝生日，“极致蛋糕”对配送员的要求是必须在晚上 6 点半准时送达，太早太晚都不行。

当然，传统意义上的快，也是“极致蛋糕”的一个基本功。比如极致蛋糕有一个概念叫作“云配送”，主打的就是快。当用户在线订购蛋糕后，最快可以实现两小时送货到家。“极致蛋糕”还模仿小米每天中午 12 时进行限时抢购，给消费者造成一种紧迫感、短缺感。

正如“极致蛋糕”所宣称的“极致的口味，极致的价格，极致的食材，只为极致的你”，他们用心打造极致产品，也获得了极致的回报。“极致蛋糕”首款白羊座蛋糕，上市当月就卖疯了，实现了 300 万元的销售收入，预计全年收入将达到 8 000 万元。

“极致蛋糕”的八项极致如图 3.5 所示。

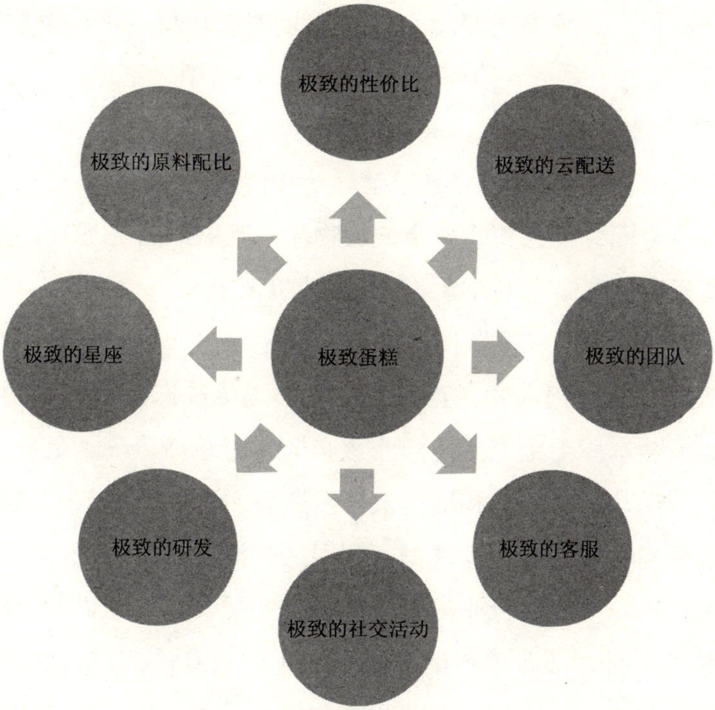

图 3.5 “极致蛋糕”的八项极致

在互联网时代，对于线下商业，会有层出不穷的入侵者、挑战者、颠覆者，当他们集资本、思维、团队、经验优势于一体，祭起互联网思维的秘密武器，对准某个细分领域，切下锋利的一刀，给顾客带来极致的消费体验时，你还能招架几时？

互联网思维的核心是极致的用户思维

用户思维是互联网思维的第一核心，这个已经毋庸多言，对实体商业更是如此，这是实体店经营者需要做出的第一个思想转变。

互联网思维引申出的其他思维都是用户思维在价值链不同层面的延展，比如雷军的“专注、极致、口碑、快”就是用户思维的体现，周鸿祎的“体验至上、免费策略”也是用户思维的体现。借助互联网思维，来提升用户体验，是“实体商业＋互联网”的重中之重。

第一，借助互联网思维提高服务效率。

商业可分为两大环节：创造价值环节和传递价值环节。传递价值可以解构为三个方面：信息流、资金流、物流。互联网首先通过自身的高效率，来缩短或者重构“传递价值”的商业价值链。

互联网为什么能够颠覆传统行业？那是因为，从工具到思维，从产品到服务，从模式到人才，互联网企业都比传统产业的效率要高得多。互联网的颠覆本质上是对传统产业核心要素的重新分配，是生产关系的重构，从而提升运营效率和结构效率。这里所指的传统行业是相对而言的。谁是传统产业？用户需求得不到很好的满足、效率低下、交易成本过高、用户体验不佳的行业都属于传统行业。实体商业借助互联网思维进行自我革新时，都要重新审视所处产业和自身价值链条的低效环节，并寻找提升的方法。比如，以前买火车票，必须去火车站售票厅，赶上节假日，就需要长时间排队，排到最后还不一定能买到票，这就存在一个低效的问题。后来，火车站之外开了很多代售火车票的实体网点，在很大的程度上提高了购票效率。在实施网络售票之后，旅客的购票效率进一步提升，不仅不用长时间排队，甚至无须出门就能买到票。随着官方推出了手机终端购票 APP，旅客更是随时随地都可以购买火车票了。

但在这个从低效到高效的演变过程中，有些业态就要被逐渐淘汰，退出市场，比如各种代售网店，基本上已经被淘汰出局。提高效率的本质，是给消费者带来更好的消费体验。

第二，基于用户体验的实体店“三要素”。

相对于电商而言，实体店最大的优势在于“体验”和“服务”，要做到和坚守三大要素：专业、体验、服务。实体店在体验和服务方面还有很大的提升空间，这些本来是实体店的优势，但反观有些实体店，用户体验做得还没有电商到位，这才让实体店陷入尴尬的境地。

在未来，实体店要生存，就要用互联网思维进行自我优化，围绕“专业、体验、服务”三要素，死磕用户体验，同时要提高实体店与电商分流顾客、共享市场的能力。

第三，服务即营销，找准顾客痛点。

服务并不是为了服务而服务，服务是为了创造更好的用户体验。传统实体店面临各种压力，要审视自己的业务流程，寻找用户的痛点并加以改善。而用户需求通常表现在两个层面。

第一个层面：“止疼型”需求。

用户由于明显的痛苦、不适、紧急、窘迫、难受而产生的需求，迫切渴望出现一种产品或服务能够解决他们的问题，快速止疼。比如，饥饿时，人们对食物的需求；生病时，人们对医治的需求；寒冷时，人们对御寒的需求；炎热时，人们对避暑的需求。这类需求非常急迫，在这种情况下，用户对相关止疼产品的需求最为强烈。

第二个层面：“愉悦型”需求。

用户已经习惯既有的生活方式，习惯并接受了现有的产品和服务，这些产品和服务能够满足他们的基本需求，在使用时，用户没有明显的痛苦和不适感。在 iPhone 手机上市之前，使用诺基亚、摩托罗拉或者国产中兴、联想手机的用户，也能满足用户基本的通信需求，使用这些产品时他们并没有明显的不适感。但是苹果智能手机的横空出世，极大地提升了用户体验，它以极致的产品赢得了大批用户青睐，这就是“愉悦型”需求。这种情况，是“极致产品、服务”对于“普通产品、服务”而激发的需求。

还有一种情况是刚性需求之外的需求，这种产品或服务，对顾客来说是一种可有可无的消费。即使不去消费，也不会给自己带来痛苦或不适，不过一旦消费，能给自己带来愉悦和享受感。比如人们对各种娱乐项目的需求，诸如各种音乐会、KTV、电影院、演唱会、游乐设施、康乐场所带给人们的愉悦体验。

“止疼型”需求和“愉悦型”需求所对应的恰恰是人们花钱消费的两个方向：第一个消费方向，对抗痛苦，对抗不适；第二个消费方向，追求愉悦，追求享受。顾客所有的消费行为都基于这两个出发点：逃离痛苦和追求享受。逃离痛苦对应的是痛点，“追求快乐”对应的是“痒点”，实体店经营者只有基于用户“痛点”和“痒点”的发掘，才能找到成交的“机会点”。

第四，用户群体思维。

2015 年博鳌亚洲论坛，在关于“互联网思维与商业的本质”的跨界对话分论坛上，百度总裁张亚勤表示：“什么叫互联网思维，或者什么是本质？我想了一下，从技术或者从产业观点来说，应该是一种感知的能力。对于用户的快速感知，对场景的快速感知，然后做出应对。”[1]

如何去感知你的用户并快速做出反应呢？

首先要以用户为中心，而不是以自我为中心。大部分实体店经营者时时刻刻想的都是“我怎么把东西卖出去”，而没有心思考虑顾客想什么、需要什么。只有站在用户的角度思考，有针对性地设计或提出解决方案，才能引起顾客的共鸣。

其次，要知道你的主流消费群是谁？他们在哪里？他们喜欢什么？不喜欢什么？而不是胡子眉毛一把抓，什么样的客户都想要，最后什么也抓不住。要锁定目标消费群，集中优势资源满足他们的需求，而其他群体只是作为辅助。

互联网不能让二流产品变一流

褚时健打造的“褚橙”，有人称之为“互联网橙子”。

1《跨界对话：互联网思维与商业的本质（文字实录）》，凤凰财经，2015 年 3 月 29 日。

深入研究过“褚橙”案例的黄铁鹰教授却不赞同这种观点，他还拿出了数据为证：2013 年，“褚橙”在网络渠道“未来生活网”卖掉的橙子只有 1 500 吨，在线下传统水果批销渠道则销售了 8 500 吨。事情的真相是，“互联网卖了个小头儿，弄了个大声音；传统渠道卖了个大头儿，弄了个小声音。”

在黄铁鹰看来，“现在世界是平的，二流产品在美国、在非洲是二流，在中国也是二流，互联网解决不了怎么把二流变一流的问题，这点我是认准了。”他断言：“互联网解决不了土壤问题，解决不了食品安全质量问题，解决不了马桶盖的品质问题，我们现在最挠头的很多问题都不是互联网带来的，根本不是。”

黄铁鹰还指出：“两三年前我就在说，别再总拿互联网说事儿了。这些年做服装的老板都很难受，关店的关店，处理库存的处理库存，一片电商‘狼来了’的风声鹤唳。可我跟他们说，你们不会不知道，优衣库、ZARA、H&M、GAP 和无印良品，这五家店每年都在中国新增地面店，它们怎么没受电商影响？我说咱们都是做衣服的，谁也别吹牛，咱们一起到店里看看，你的面料、款式、剪裁、做工、定价、陈列，跟它一样吗？你们的货跟它不一样，搞什么互联网也没用啊。”[1]

互联网不能让二流变一流，很多时候我们看到一个商家做一个产品或服务，在还未做到位，没有研究透的情况下，就用互联网的营销迅速地推广。那么，它死得可能会更快。传统产品服务做不好，也许还能生存三五年，但互联网会无限放大它的缺陷和不足，会加速它的死亡。

回顾一下第 1 章的内容，互联网与蒸汽和电力一样，是企业、商家的一种生产、运营工具，当所有的企业、商家都掌握了互联网这种工具，都完成了互联网转型以后，那么商业将会重归本质——回到对产品和服务的精进上来。

1《褚橙启示：互联网不能让二流变一流》，载于《商界》。

百度总裁张亚勤曾谈道："商业的本质并没有改变，我听说有互联网餐馆，互联网餐馆如果菜不好吃，服务不好，卫生不好，环境不好，怎么互联网思维都没有用。老潘房子建不好，设计再漂亮，再会营销还是卖不出去，最终还是质量和服务都很重要。"[1]经纬创投合伙人左凌烨也有一个观点：一个好的企业服务公司几乎不可能被颠覆。[2]对于实体店经营者而言，如果你身怀绝技，在产品或服务上有独到之处，那么，也同样不可能被颠覆，也无须畏惧电商。

我的家乡地处鲁西南，鲁西南黄牛非常有名，当地人喜欢吃烧牛肉，县城有一个"米家烧牛肉"，使用祖传方子秘制烧牛肉，牛肉也是现煮现卖，每天只要牛肉一出锅，店外就排起了长长的队伍，节假日和春节期间尤甚。保守估计，仅仅这一个店面，年利润至少上千万。这家烧牛肉的特色何在，最核心的原因只有一个——好吃。

在山东莒县，有一家特色羊汤馆，当地朋友带我去过一次，那场面极其震撼，你很难想象，一个草根的不能再草根的羊汤馆，一天的营业额竟能达 10 万元！为什么这样火？他们的羊肉好吃、不膻。有人采访过店老板，问羊肉不膻是不是跟羊有关系。老板说，跟羊没关系，用的都是当地收购的普通的小山羊，不是什么散养的羊，更不是有机羊，关键是做法。做法！可谓一语道破天机。

一个朋友在日本，给我寄来了几块"原麦山丘"的面包，非常好吃，让人上瘾。我以为是她亲自做的，后来才知道这是当地的一家知名烘焙品牌。而她在工作之余，顺便往国内做这个品牌面包的跨国代购。

代购一个"原麦山丘"，加价 3 元，运费另计，对她而言，只是顺道而已，她每天上下班都经过"原麦山丘"，每次都是提前下单，店里烤好了过去取，然后通知顺丰快递取件，就发往国内了。

1《跨界对话：互联网思维与商业的本质（文字实录）》，凤凰财经。

2《经纬左凌烨：好的企业服务公司几乎不可能被颠覆》，经纬创投微信公众平台。

生意怎么样？大部分都是微信用户下单。她每天能赚三五百元，让人吃惊的是，顾客的回头率几乎是百分之百。我第一次听说竟然还有跨国代购面包的，她不以为然，说：“那些喜欢吃烘焙的人是不在乎价钱的，只在乎口感。”这就是把产品做到极致的威力，哪怕远隔重洋，也阻挡不了消费者的热情。如此极致的产品，仅仅凭借互联网思维，能学得会吗？能颠覆得了吗？

◇ 做减法：实体店的互联网 -

渠道和推广要做减法

凡事过犹不及，服务也是如此。

所谓“过度服务”，是指顾客在接受一些产品或服务以后，产品或服务的某些特色或功能根本用不上，但这些特色或功能却增加了他们的购买成本。

就实体商业的服务而言，过度服务多是商家出于主观臆断，错误评估了顾客对服务的期望，或者由于工作人员机械地执行店里的服务规程，未根据实际场景灵活变通，使顾客反而为服务所累，产生不满情绪。

国内知名餐饮企业“海底捞”以变态服务著称，但近来，有越来越多的顾客开始质疑“海底捞”的过度服务。一名“海底捞”曾经的顾客这样说：“单位附近就有一家‘海底捞’，但是今年很少去了，不因为别的，就是他们的服务员太热情，让我浑身不自在。”在另一个点评网站上，一个名为“烹饪爱好者”的食客也做出了相同的评论，他认为“海底捞”最大的问题是热情过度。他说：“我觉得用餐的时候每个服务员都随时盯着你，期待你提出需求……我其实只是想静静地吃个饭……也真的不需要眼镜布……”

过度服务的问题，“海底捞”创始人张勇也意识到了，他在一次餐饮峰会上称有些服务员未必真正理解什么是好的服务，“因为有些服务员总是跑来跑去，可能那时候我们的顾客正好需要安静。”[1]

英国美食评论家 Barry Verber 访问过上千名消费者，其中有 49% 的人表示最讨厌过度服务的服务员。关于过度服务，对于以服务为导向的实体业态而言，就要适当去做减法了。

1995 年的某天，小西国义在一家理发店排了很长时间的队，终于轮到他了，可期待已久的理发并没有马上开始，店里的小工给他递上一条又一条的热毛巾，没完没了地进行按摩，按摩的同时还在进行令人生厌的推销。最后，小西国义付出了数千日元的费用，浪费了大量时间，得到了很多自己不想要的服务，而他的最主要目的无非是想把头发剪短一些。传统理发店所提供的这种“殷勤”服务，让他感觉到很痛苦。他想如果有这样的发廊——位置方便，理发只需 10 分钟，收费 1 000 日元——会有人感兴趣吗？带着这个问题，小西国义做了一次市场调查，认同他想法的人竟然高达 43%。于是，QB HOUSE 理发店诞生了，在这家理发店，小西国义将理发环节精简到了极致（见图 3.6）。

第一，极简服务。店里只提供理发和基本造型服务，而不提供洗发、吹风和剃须等服务。

第二，拒绝推销。不在店里推销任何美发产品。

第三，极简空间。为了充分利用空间，减少店铺面积，节约房租开支，QB HOUSE 专门开发了一款剪发组合柜。柜子正面是操作台和放置剪发用具的隔断，各种物件都有自己的卡槽，整洁干净。柜子背面，则用来放置客人的衣物。每个柜子就是一个美发师的工位，再配以尺码明显小于传统理发店的椅子。

1《海底捞“过度服务”谁买单》，首席品牌官，2015 年 12 月 11 日。

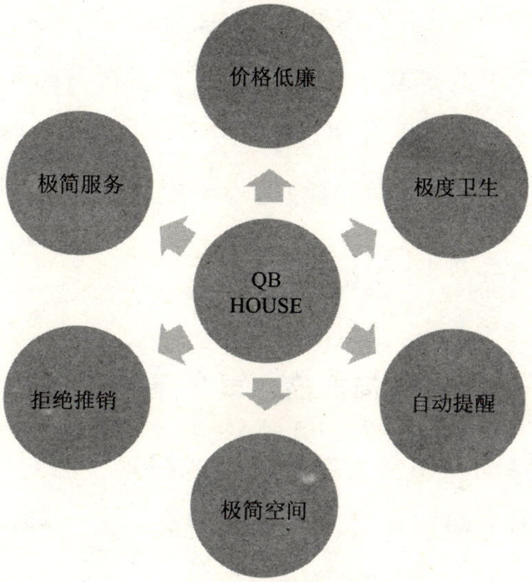

图 3.6 QB HOUSE 的极简服务策略

第四，自动提醒。在等候处，设置一组由红黄绿三种颜色组成的信号灯，用来提醒店内的繁忙程度和等待时间。绿色表示无须等待，黄色表示需要等候 5 ~ 10 分钟，红色表示需要等候 15 分钟以上，客人可根据自己的时间来选择是否等待。

第五，价格低廉。客单价在 1 000 日元左右。

第六，极度卫生。在卫生上，QB HOUSE 没有追求极简，有着严格的卫生标准，给客人使用一次性围巾，所有非一次性用具包括理发师的手都要严格做到“一客一消毒”。

如今，QB HOUSE 已经成为日本最成功的连锁理发店，自从 1996 年开设第一家店面之后，QB HOUSE 在十几年间已经在日本、中国香港、中国台湾、新加坡、马来西亚等地开设了近 550 家分店，平均每月有超过 125 万人次。创立不久，就实现了年收入 40 亿日元（约 2.6 亿元人民币）。[1]

1《秦刚：做减法，理发店也做到年收入几亿人民币》，秦王会，2015 年 3 月 20 日。

大道至简，有时真正难的不是做加法，而是做减法。话说回来，对服务做减法，不是简单的一减了之，而是要从消费者的实际需求出发。比如有些人就喜欢被一群人围着“过度服务”，那么再一味地去做加法，就会过犹不及。总之，做减法的目的是为了提高消费者的满意度，提高消费体验，不可矫枉过正。

精简产品，单品爆款

你有没有这样的经历？去餐厅就餐的时候，面对一本厚厚的菜单，看着动辄上百道甚至更多的菜品，顿时就会陷入一种选择性障碍。翻来覆去看好长时间，还是不知道吃什么！

前文我们提到的“雕爷牛腩”，深知用餐客户的这一痛点——面对菜单时的选择性障碍。针对用户的这个痛点，“雕爷牛腩”在菜品上做了减法。

雕爷借鉴了那些顶尖的西餐厅，比如法式餐厅、意式餐厅的做法，在菜单设置上追求极简。所有主菜加上甜品才不过二三十道，主菜只有12道，每一道菜都是精挑细选、精心设置、巧妙构思、恰到好处。为了不让食客感觉腻烦，这些菜品会定期进行更新。简洁的菜单设定，大大减少了顾客的纠结时间、选择时间，使之能够更好地愉快就餐。

而对餐厅而言，简单的菜品供应更是好处多多。

第一，较少的菜品，意味着较少的原材料，可以大大提升原料采购和管理的效率。由于原材料“品种少、量大”，也使餐厅有了较强的议价权，能够有效地降低采购成本。

第二，较少的菜品，后厨在制作时效率也会更高，食物的口感也更一致，快速上菜，减少顾客等餐的时间，也可优化用餐体验，提升用户满意度。

第三，大大减少顾客选择性障碍，减少选择时的纠结心理，提升消费体验。

精简产品线的另一个方向是打造“爆品”。

“爆品”一词，原本是淘宝店主们集体发明的营销利器。后来，这个词汇被引申和发展为爆品思维，意指打造让顾客尖叫到爆的极致产品。深谙此道的商家，都会聚焦在极少的产品上，以“自虐狂 + 偏执狂”的态度打磨出极致的产品，顾客尖叫的同时伴随着的是商家口碑的爆棚，带来众多积极效应（见图 3.7）。

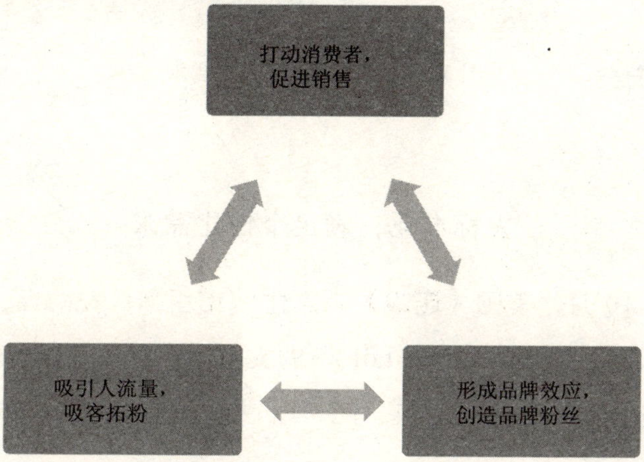

图 3.7 “爆品”的三大效应

我们来见识一下什么是爆品？

2014 年 7 月，西北菜餐饮集团西贝莜面村，宣布以 600 万元的价格买断《舌尖上的中国 2》里的张爷爷挂面，随后开始在其全国门店推出了名为“张爷爷家原汁原味”的酸汤挂面。

从上市到 8 月底，短短两个月，这种酸汤挂面就卖出了 100 多万碗，销售额突破 1 700 万元。原本就天天排队的西贝莜面村，更是排队排到爆。这碗面的火爆，除了其独特的来历外，跟西贝莜面村的掌门人贾国龙在产品层面的极端偏执分不开。有知情人士称，在西贝莜面村内部，“爆品思维被反复讨论，跟产品较劲儿的程度令人爆头……在内部，其实讲的是‘非常、非常、非常好吃’战略，贾老板认为仅仅‘好吃’两个字还远远不能表达西贝在这个问题上的态度。”[1]

西贝人对产品较劲儿到什么程度呢（见图 3.8）？

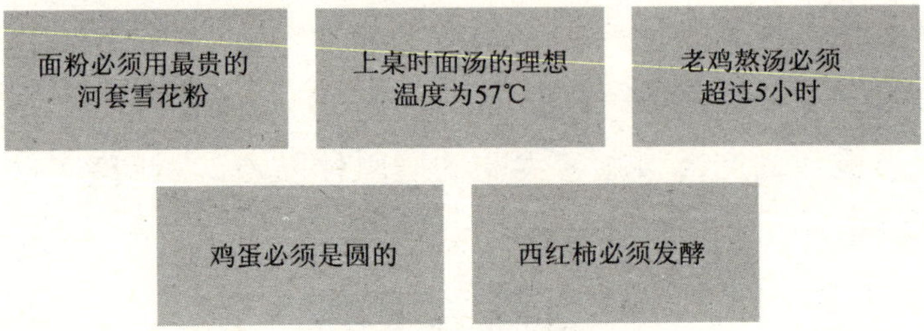

图 3.8　西贝莜面村的爆品思维

去标准化，满足个性化需求

2004 年 10 月，美国《连线》杂志主编克里斯 · 安德森，在《连线》杂志上发表名为“长尾（long tail）”的文章，迅速成了这家杂志历史上被引用最多的一篇文章，后来它有了一个更合适的名字——长尾理论（见图 3.9）。

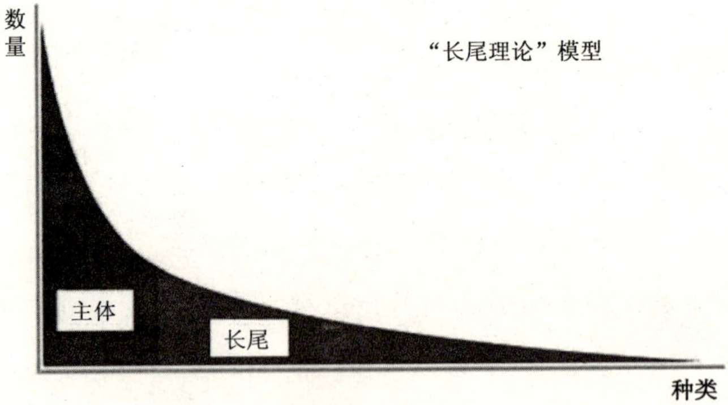

图 3.9　长尾理论模型

1 金错刀：《2014 年最火的一碗面——爆品思维戳痛了谁》，2014 年 9 月 4 日。

所谓长尾理论，简而言之，是指只要产品的存储和流通的渠道足够大，需求不旺或销量不佳的产品所共同占据的市场份额可以和那些少数热销产品所占据的市场份额相匹敌甚至更大，即众多小市场汇聚而成的市场可以与主流市场相匹敌。也就是说，企业的销售量不在于传统需求曲线上那个代表“畅销商品”的头部，而是那条代表“冷门商品”经常被人遗忘的长尾。

举例来说，一家大型书店通常可摆放 10 万本书，但亚马逊网络书店的图书销售额中，有 1/4 来自排名 10 万以后的“冷门”书籍，这些“冷门”书籍所占的销售比例正在迅速增加。这意味着，消费者在面对无限的选择时，需要的不仅仅是排名前列的畅销书，而且还有适应自己个性化口味的小众产品。“长尾理论”的提出，也正顺应了目前逐渐兴起的个性化需求与消费的浪潮，能够把握住这个趋势的商家也能在不起眼儿的小众市场中分得一杯羹。

在《小众行为学》[1] 中，作者提出了一个问题：为什么主流的不再受市场喜爱？这是由于消费市场正在发生变化，个性化消费时代已经到来。个性化消费行为不再由价格驱动，而是由兴趣驱动，消费者能从消费中获得参与感、认同感和满足感。实体店经营者应该敏锐地感知到消费市场的变化，多开发、提供个性化产品和服务，满足目标消费人群更高层次、更个性化的需求。

为了帮助零售业了解、跟踪消费者的无缝化需求，埃森哲给传统零售商提出了 6 个努力方向（见图 3.10）。

其中提到了“个性化互动”，研究发现，大部分国内消费者都乐于接受个性化互动的机会。有 79% 的消费者表示，只要能得到想要的个性化服务，他们不介意向商家提供个人信息，更有 80% 的消费者表示，如果有人提供个性化的订购（配送）计划，他们将会增加消费。

1 北京时代华文书局 2015 年版。

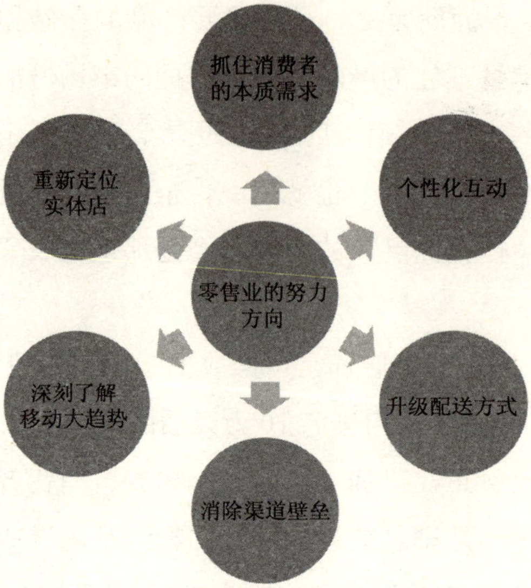

图 3.10　零售业的 6 个努力方向

个性化互动具有“非标准化”“定制性”的特点，能更好地满足顾客的个性化需求，因此很受认可。

日本“寿司之神”小野二郎为食客做寿司，不仅会考虑到当天的天气情况，店里的温度、湿度，还会考虑到面粉的细致度、粗糙度，客人的性别、年龄、偏好，当日的心情等，他做出的每一份寿司都是独一无二的，以保证每一份寿司都是最适合客人的。

提供非标准化产品，是满足消费者个性化需求的一个方向。除此之外，还有几种个性化的定位方式。

第一，提供非标准化产品（服务）。

第二，提供小众化冷门产品。

第三，提供个性化产品（服务）组合。

第4章 店商武器之“多情环”

打好体验牌：体验为王，口碑至上

未来经济将是一种体验经济，未来的生产者将是制造体验的人，体验制造商将成为经济的基本支柱之一。

——阿尔文·托夫勒，美国未来学家

◇ 用户体验决定了购买转化率

体验经济与体验营销

即使在电商发展最迅猛的时刻，我们发现一些线下商家的生意依然火爆，丝毫未见受冲击。

第一个案例是大家熟知的星巴克，在星巴克的各个门店，几乎任何时候都有人，甚至找座位都很难。第二个案例是瑞典家具品牌宜家，无论什么时候去，宜家线下商场的人都很多。这是为什么？

答案就在于体验制胜！

星巴克实际上卖的并不是咖啡，而是一种氛围、一种环境、一种体验。当人们在意的是消费氛围的时候，咖啡本身就已经不重要了，重要的是体验，顾客愿意为之支付高价。

阿尔文·托夫勒在其著作《未来的冲击》中卓有远见地指出："未来经济将是一种体验经济，未来的生产者将是制造体验的人，体验制造商将成为经济的基本支柱之一。"

美国经济学家约瑟夫 · 派恩和詹姆斯 · 吉尔摩在 1999 年出版了《体验经济》一书，提出人们正迈向体验经济时代，体验经济将取代服务经济。

同一种商品，在农业经济中只值 5 元，在工业经济中值 10 元，在服务经济中值 20 元，在体验经济中就可以值 30 元。这是因为在体验经济中，消费者对体验享受的评价最高，也愿意付出更高的价格。

体验经济是基于现实生活与场景，为顾客塑造感官体验及思维认同，吸引顾客注意力，引导并改变消费行为，为商品、服务找到新的生存价值与空间。体验经济是以服务作为舞台，以商品作为道具来使顾客融入其中的社会经济演进阶段（见图 4.1）。

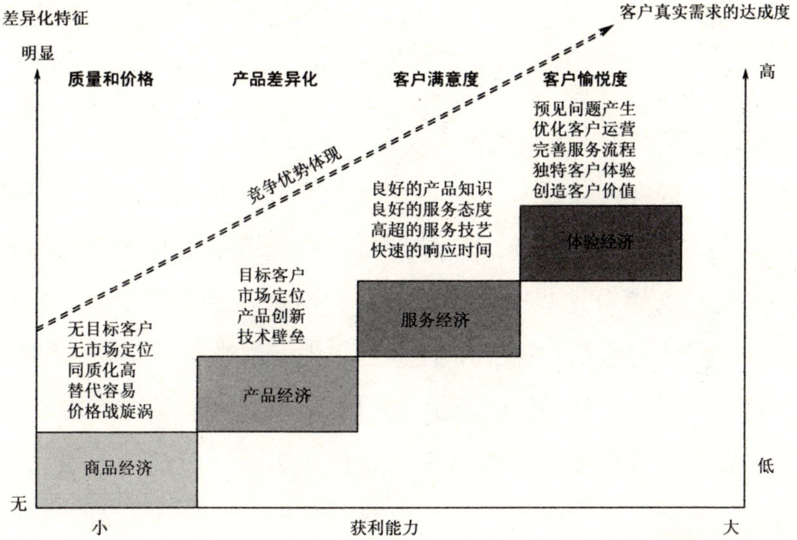

图 4.1　经济发展的四个阶段

在传统商品经济和产品经济时代，商家的营销以商品为核心，关心的是商品的质量、数量、价格和实用性，结果导致同质化商品越来越多，消费者无从选择，最终只能选择价格，从而带来无休止的价格战。

在商品、服务同质化严重、供过于求的时候，商家需要不断地创新才能吸引消费者购买。体验营销是在商品、服务极大丰富的情况下，通过体验把差异化优势体现出来，通过体验实现价值的增加（见图 4.2）。

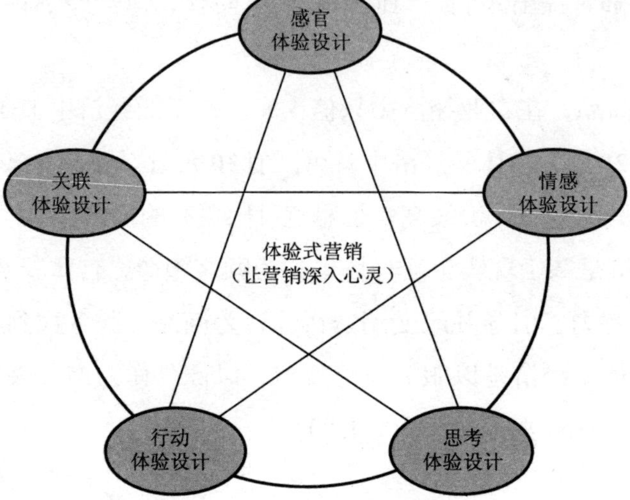

图 4.2 体验营销路径

比如，宜家家居商场就遵循了这样一条路径。

他们为消费者再造了一个逼真的生活场景，向顾客展示了厨房的装修设计搭配方案，展示了卧室应该怎么装修，展示了客厅应该如何配置家具……当顾客置身这些样板场景中时，感官就会受到刺激，产生一种强烈的身临其境的感觉（情感），使他们产生一种迫切的渴望（思考）——希望将这些家居方案搬到自己家里（关联），从而刺激顾客的购买欲望。

这样做的结果就是，顾客本来只是计划去买一个柜子，最后却买了与之搭配的整套家居（行动），因为有时顾客并不太明白居家的延伸搭配。这样，宜家就通过真实的体验场景，通过创新性的体验消费，成功引导出了新的消费需求。

实体店是体验经济的最佳载体

体验经济是一种场景经济，它的最佳载体就是各类实体店。

消费者的感觉和感受，是电商无法做到的，无论虚拟现实技术如何演进，虚拟终归是虚拟，永远替代不了现实。即使电商将自己的网页设计得再人性化，买家秀做得再漂亮，也不及实体店对商品的实际展示，这种触感是真实的、可见的、可信的，被低价冲昏头脑的消费者冷静下来后，会做出理智的选择。

沃顿商学院市场营销学教授、杰伊贝克零售中心主任芭芭拉 · E. 卡恩 (Barbara E.Kahn) 说：“在购买过程中能‘触摸和感受’一下商品，而且能得到销售员的帮助，这两点对于许多商品类型而言都相当重要。”譬如，顾客喜欢在店里试穿一下衣服或试戴一下项链，或者亲自掂量一下，看食品是否足量，然后再确定是否购买。这个过程，最好是有真人来做解释说明。“对于这些类型的商品，线下体验将会继续非常具有价值，”卡恩说，“大量的证据证明实体店并不会消失。”[1]

实体店远高于电商的成交转化率和电商巨头纷纷转战线下，无不源于此。实体店的体验优势表现在以下几方面（见图 4.3）。

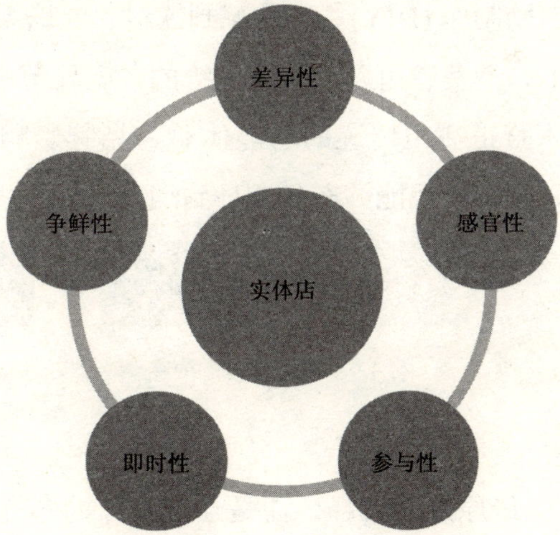

图 4.3　实体店的体验优势

1 证据表明实体店并没有要消失，真实触感很重要，沃顿知识在线，2015 年 3 月 31 日。

1. 争鲜性

实体商业以其无可取代的“创新乐趣”，为人们提供新奇的体验，使人们能够从购物过程的逛、找、品、试、触、鉴、比的乐趣中，享受到实体购物的踏实与愉悦。

除去商品、服务本身的新奇体验外，如今实体商业新奇的业态、装修设计、物品陈列摆放、店员的个性化服务、甚至于店铺里传递出的细微的香氛气味、弥漫着的音乐，都能幻化成吸引顾客的强力诱因。

2. 即时性

电商消费，从下单到收货，中间有一个物流环节，消费者需要付出等待的时间成本。而在实体店的消费体验中，则没有这种障碍，顾客消费时能获得一种身临其境的感觉，能够当即享受到产品和服务，立即带来心理上的满足感和愉悦感。

3. 参与性

在一些自助式消费中，消费者可以充分参与到消费环节中，如自助餐、自助导游、自助制作 (DIY)、自助配制饮料、农场果园采摘、点歌互动，等等。实际上，消费者可以参与到供给的各个环节中。

目前，顾客体验正在由传统的功能体验、品牌影响，往体验式、参与式的方向演变，顾客希望能够充分参与到消费流程中去（见图 4.4）。

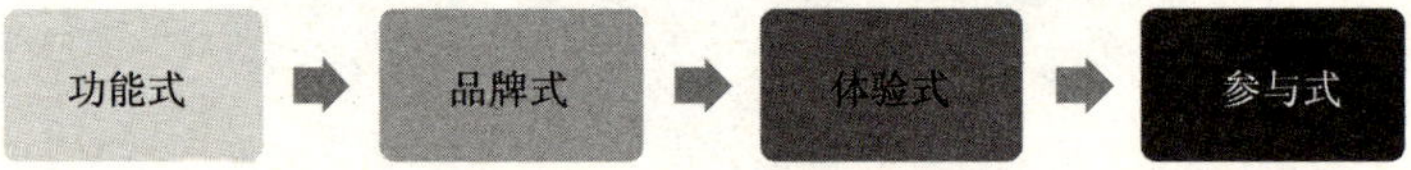

图 4.4　顾客体验的演变

4. 感官性

所谓“体验”，最原始的解释，便是通过身体的各个器官来感知，来体验，这是最原始、最朴素的体验经济的内涵。比如，去音乐厅听音乐会，去电影院看电影，去迪斯尼乐园、游乐场、野生动物园；去健身房、骑马、滑雪、攀岩、冲浪、蹦极；玩儿模拟足球赛游戏机、模拟投资沙盘；去逛主题公园、工业旅游、农家游、采摘、钓鱼等都是体验，在摩天大楼顶层旋转餐厅可以边吃边看；在某百货公司一楼大厅观看模特走秀……这些实体商业中的体验，都充分调动了身体五官，强化了消费者的体验度。

5. 差异性

工业经济和商品经济追求的是标准化，这不仅要求有形产品的同质性，也要求制造过程的无差异性。在服务经济、体验经济中则表现出了相反的倾向。这是因为最终消费者的情况千差万别，商家要满足不同顾客的需求，就必须提供差别化的服务。

实际上，线下消费体验取决于商家的地段、装潢、氛围、人员、态度等综合因素，每一个消费者从不同的视角去察觉，都会带来完全与众不同的体验，这也正是实体商业的魅力所在。

实体店顾客体验管理

什么是顾客体验管理？它以提高顾客整体体验为出发点，注重与顾客的每一次接触，通过协调整合售前、售中和售后等各个阶段，认真衔接各种客户接触点，或接触渠道，有目的地、无缝隙地为客户传递目标信息，创造正面形象，为顾客带来正面感觉，以实现良性互动，进而创造差异化的顾客体验，实现顾客的忠诚，强化感知价值，从而增加店铺的竞争力和营业收入。

通过对顾客体验加以有效地把握和管理，可以提高顾客对商家的满意度和忠诚度，并最终提升店铺价值。

1. 实体店提升顾客体验的“七步闭环”

实体店经营者在认同和理解顾客体验理念和文化的基础上，需实时了解店铺目前的顾客体验和顾客期望值，在店铺日常运营过程中，确定关键的体验节点，进行体验管理，对顾客期望值和实际体验的差距进行实时分析，制定有针对性的改善措施，提升顾客体验。

顾客体验管理七步法如图 4.5 所示。

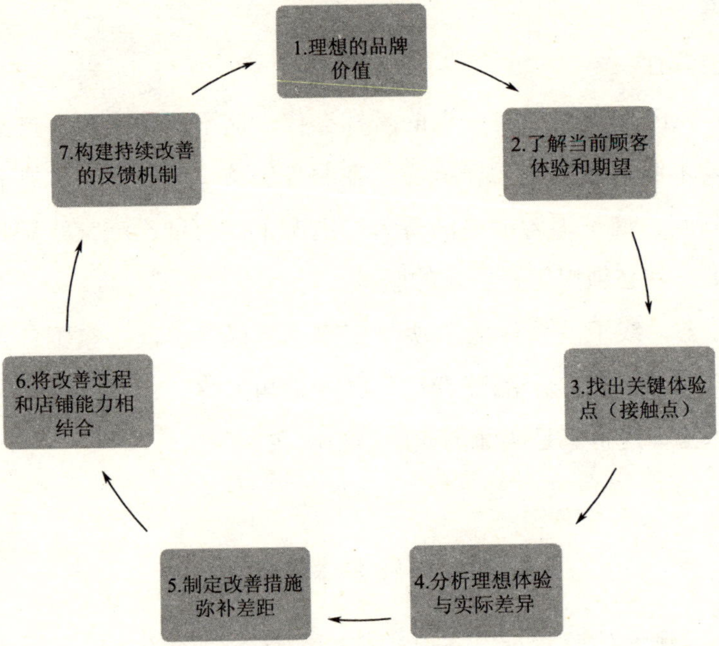

图 4.5 顾客体验管理七步法

2. 提升顾客满意度

根据三角定律：

顾客满意度 = 顾客体验 − 顾客期望值

若上述结果为正数，即顾客体验超过顾客期望值，顾客是满意的，这个正数数值越大，顾客满意度越高，顾客的兴奋度也就越高。反之，当差值为负数时，即顾客体验低于顾客期望值，数值越大，顾客满意度就越低，顾客的不满和愤怒程度也就越高。当顾客满意度数值为 0 时，顾客基本满意，没有失望，也没有惊喜（见图 4.6）。

基于此，提高顾客满意度无外乎以下三种途径。

第一，提高产品和服务质量，从而提高顾客体验值。

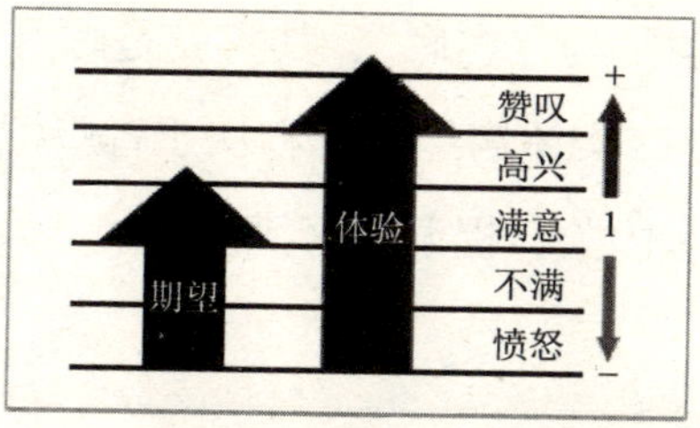

图 4.6 顾客满意度的“三角定律”

第二，适当降低顾客期望值，将顾客体验值控制在一个合理的范围之内。要合理宣传，不要夸大宣传、过度承诺，以免拔高顾客期望值，当其期望得不到满足时，就会转化为深深的失望。

第三，通过提升参与度，让顾客充分参与到消费过程中，来提升顾客满意度。

3. 把控好顾客体验的关键时刻

诺贝尔经济学奖得主 Daniel Kahneman 提出过一个“峰终定律”（Peak-End Rule）：人们对体验的记忆取决于两个因素，体验高峰（无论是正面体验的还是负面体验的）时与结束时的感觉，这就是峰终定律（见图 4.7）。

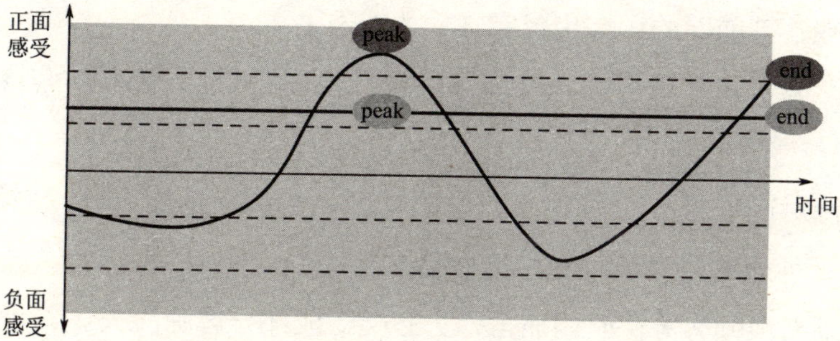

图 4.7 峰终定律

该定律对于顾客体验提升的意义在于：顾客一次消费体验之后，给他们留下最深刻印象的只有“峰顶”和“谷底”时的体验，而其他消费过程中的体验，对记忆基本上没有影响。

这里所言的“峰顶”与“谷底”，其实就是顾客体验中的“关键时刻MOT[1]”、关键的接触点。实体店经营者和从业者应把控好这些“关键时刻”和关键节点，改善顾客体验，提升顾客满意度。

◇ 移动互联时代，顾客体验的核心诉求

别让我等——顾客等待心理学

在日常生活中，几乎处处需要等待。

去医院需要等待，等待挂号，等待门诊，等待缴费，等待化验结果，等待取药。

去银行办理业务，需要取号，需要排队，需要长时间等候。

打车需要等候，尤其是赶上上下班高峰和雨雪天气，更是一车难求，你越焦躁不安，车越不来。

顾客去一些生意比较红火的餐饮店消费，也需要取号，需要排队，饥肠辘辘，等前面的顾客用餐完毕，才能进去。

俗话说“死并不可怕，等死才可怕”，等待最让人无聊、焦躁不安、痛苦。

等待对商家是一个好现象，说明其产品和服务值得期待；对消费者而言是一种煎熬，一种时间和精力上的消耗。

如果无视顾客等待时的痛苦，势必会造成部分客源流失。实际上，顾客的等待时间是可以被有效管理和控制的，它会直接影响顾客等待时的心理和体验。

---

1 Moments of Truth，源自中国人民大学出版社出版的图书《关键时刻MOT》，作者是瑞典人卡尔森。

早在 1955 年，就有专家对排队等待心理进行实验主义研究。1984 年，David Maister 对排队心理作了比较全面的总结和研究，他提出了被广泛认可和采用的顾客等待心理的八条原则（见图 4.8）。

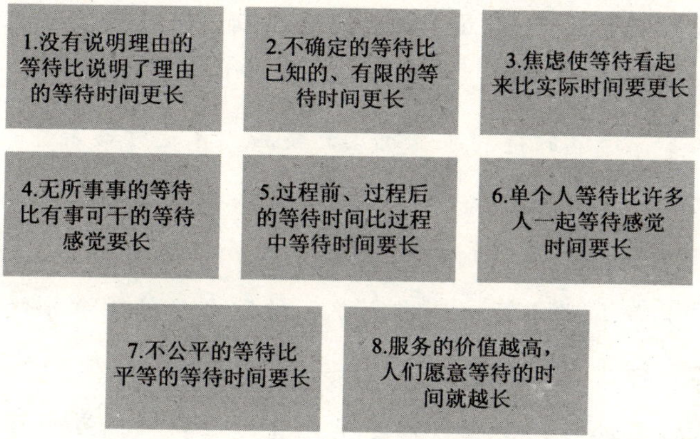

图 4.8　顾客等待心理的八条原则

顾客的这些等待心理，为商家提供了优化等待过程的空间。

1. 让顾客的等待时间变得充实

无所事事的等待比有事可干的等待要漫长，通过充实等待时间，可以让顾客将注意力转移到其他活动上，等待的焦灼感就会明显降低。商家可以在等待时间里给顾客提供一些额外服务，以充实他们的等待时间。一些生意火爆的餐厅，在节假日的用餐高峰时间，往往需要等位置。有些商家为了避免顾客流失，大多采取拿号等候的措施。至于顾客如何等候，在哪里等候，等候时做什么，大部分商家并不是太关注。

不过，总有聪明的商家会将服务往前推进一步，让顾客的等待时间变得充实，变得有趣，“海底捞”就是一个颠覆。来看一个“海底捞”顾客的描述：

“有一次我和朋友就慕名而去，可是一去，说要等，我们怀着一丝侥幸来到了等待区的二楼。老天！二楼走廊的两侧已经坐满了人。更有甚者，支着凳子围成一群在打扑克。店家的服务挺周到，马上摆了一盘炸虾片、一盘切好的橙子和两杯豆浆。

我是一个急性子，不过也很快找到了消磨时间的方法，看服务员发的免费的‘海底捞’火锅店自办报纸。还可以玩儿拼图，服务员说：‘如果拼出来店家有奖品。’虽然等待是遥遥无期，不过有了事情做的我马上从无聊中解脱出来了，专心于那小小的拼图上了。拼了大概20分钟，我竟然拼出来了，还真的得到了豆花儿的奖品，算是对我等待的补偿吧。

之后我认真地观察，发现等待区规模之大、花样之多，差不多颠覆了一般餐厅的概念。等待时热心的服务人员会送上西瓜、橙子、苹果、花生、炸虾片等各式小吃，还有豆浆、柠檬水、薄荷水等饮料，还可以上网、玩牌、擦皮鞋、美甲。

更令人惊喜的是，女士可以享受免费修理指甲，男士可以免费享受擦皮鞋等。一位小姐在大家等待美甲的时候，不停地更换指甲颜色，反复地折腾了大概5次。一旁的其他顾客都看不下去了，为其服务的阿姨依旧耐心十足。

排队等位成为了‘海底捞’的特色和招牌之一。火爆的‘海底捞’，难忘的等待，让客人都心甘情愿地一等再等。”

去过“海底捞”的朋友应该知道这位顾客所言不虚，海底捞的种种做法，在最大的程度上缓解了顾客等待时的无聊、烦躁，甚至还让这个等待过程变得有趣，增加了顾客黏性，提升了商家的口碑，顾客回头率大大增加。

2. 让等待变得有序

在等待过程中最让人不能忍受的情况是什么？是混乱，是无序，是杂乱无章。很多时候，人们并不害怕排队等待本身，怕的是有人插队，遇到这种情况，就会焦躁异常。它带给顾客的是不确定性，是不公平感。

我在济南生活过一段时间，住所附近有一家“紫燕百味鸡”，熟食味道不错，生意很红火，特别是临近饭点，顾客众多，挤满了窗口。

我去过几次，简直是糟糕透顶的消费体验。为什么呢？这家店面的窗口外，顾客不排队，都是一窝蜂涌上窗口，结果往往是，最先排到的并不是先到的顾客，而是那些嗓门儿大、拼命往前挤的人。

你永远不知道什么时候会排到你，除非没有其他顾客了，除非遇到比自己还谦让的顾客，当然这种可能性很小。

以至于到后来，只要看到窗口外有众多人在等待，我宁愿不吃也不会去忍受那份煎熬，除非窗口前只有一两个人的时候再去光顾。

当大家都让顾客无序等待的时候，如果你能让排队变得有秩序，比如银行办理业务时首先要领取的序列号，然后按序号办理业务。那么这就是一种进步，对顾客而言就是一种有效的缓解等待痛苦的良方。

3. 提供等待信息

不确定的等待，会让顾客觉得时间漫长。不断地向顾客提供等待信息，是降低负面体验的有效措施。

比如，银行大厅的排号服务，会即时显示排号的进度，这样顾客跟自己手中的号码进行对照，就能清楚了解自己所处的位置。比如，某饮食店的外卖窗口，要及时通知食品出炉的时间、数量，让顾客心里有数。

4. 提升服务效率

等候顾客较多时，商家相关的工作人员要提升工作效率，缩短单人服务时间，缓解顾客排队等候之苦。否则，顾客那边等得焦灼不堪，你却依然四平八稳、不急不躁，依然按照原来的节奏进行服务，会徒增顾客的无名怒火。

别忽悠我——消费者日渐理性

先看几个案例。

案例一：“包修”与“保修”

小张在某商场买了一套组合音响，花了将近两万元。由于担心出现质量问题，小张和销售人员软磨硬泡，最终对方才同意给在保修单上注明“终生保修”。

用了不到半年，音响就出了质量问题，拿去修了一次。

一年后，音响再次出现故障，小张觉得反正是保修，就送到售后去处理了。没想到的是，等他取回时，对方却告知需要支付100元材料费。

小张拿出“终生保修”的单据，维修人员看了一眼，说“保修”和“包修”不是一个概念，“包修”的材料费由商家出，而“保修”的费用需要消费者支付。

小张不解，问第一次维修怎么没有收费，维修人员说：“第一次是因为音响还在‘三包’期内，出了‘三包’期就得收费了。”

小张气得无话可说，只能吃哑巴亏。

案例二：如此“买赠”

某商业街新开了一家鞋店，橱窗上贴有大大的促销海报“买一送一”。由于新店开张，“促销力度”也很大，不少顾客都抱着“捡实惠”的心理进店选购，起初大家都挑得不亦乐乎，但最后基本上所有人都空手而归。这是为何呢？原来这家鞋店所谓的“买一赠一”竟然是“买一只赠一只”，让人啼笑皆非。

苏女士也遇到过类似情况。有一次，她去某超市购物，看到卖场的豆沙面包正在促销，促销人员介绍说是“买四赠二”，她感觉很实惠，就给儿子买了一袋。谁料，回到家拆开一看，包装袋中本来就只有六枚蛋糕，商家却宣称是“买四赠二”，顿时有一种上当受骗的感觉。

案例三：先提价再打折

经过无数次电商购物节的洗礼，其实消费者对线上商家“先提价再打折”的猫儿腻，早已心知肚明。

电商“先提价后打折”的并不鲜见，现在很多实体店铺也学会了这一招儿，纷纷采取“先提价后打折”的方式来牟利。

2015 年 11 月 8 日，“双十一”前夕，有记者曾在芜湖某超市看到，营业员正加紧给某些衣服更换价格标签，其中一款原价 199 元的衣服，被换成了 249 元的新标签，新的促销价格为 199 元，前后对比，实际上没有任何优惠。标签的改变，会让顾客误以为占到了便宜。

芜湖网友“苗娃种子”也吐槽说，“双十一”活动期间，她忍不住赶到商场，发现某品牌女童棉服原价 539 元，促销价格打 6 折，实际只需 323 元，感觉还行就买了。回到家上网一查，发现该衣服其实原价是 439 元，按 6 折算下来只要 263 元，她在微博上吐槽说：“商场还带改价格的？”

案例中的“忽悠手段”，在现实商业环境中屡见不鲜，但随着商业的日渐透明，随着顾客的逐渐理性，凭借忽悠的手段来欺骗顾客，只能获取暂时的利益。

俗话说得好：骗得了一时，骗不了一世。当消费者第一次上当受骗后，第二次肯定不会再光临，而且还会成为这种骗人商家的“义务宣传员”，提醒自己的亲戚、朋友、同事和邻居不要前往这种商家消费，而这种负面口碑的杀伤力是很大的。

因此，请商家不要玩儿“手段”。

别让我烦：让用户心情愉悦

去年国庆节，带着孩子在公司附近玩儿，玩儿累了，去购物中心配套的美食城吃饭，几乎每家都爆满。考虑到孩子容易吵闹，就找了一家顾客不多、相对安静的餐厅，名字叫“御记煌”，是一个焖锅连锁餐饮品牌，不出意外的话，应该是跟风模仿的“黄记煌”。

焖锅上来以后，跟“黄记煌”几乎如出一辙。

模仿得还挺像，但是最关键的一点，“黄记煌”热情耐心的服务他们没学会。负责上菜、拌料的服务员自始至终态度冷淡，让人如鲠在喉。

吃饭本来吃的就是一个心情，尤其是带着孩子，我心里有些不快。

过了好一会儿，锅里还没见有动静，我就问了一句：“开了吗？”

“什么开了吗？”还是那名服务员，语气特冲。

“火啊！”我有些恼火。

在这种氛围的铺垫下，用餐过程可想而知，几乎所有的菜吃着都索然无味，吃了不到一半儿，就结束了这次极不愉快的用餐。

当时心里憋着一股火儿，有一种强烈的冲动，想等回去后一定上大众点评网给个差评。

大家都有过网上购物的经历，人们通常会在什么情况下才会回去写评论？排除那些利益驱动型（比如为了赢积分）的评论。

我相信一般是出于两种情况：极其满意或极度不满时。

当然，如果自欺欺人，我们仍然可以将这些经历归结为是特殊情况，是个例，是人为因素。我更愿意相信，他们代表不了所在的门店，更代表不了“海澜之家”“御记煌”们的整体形象。

但是顾客往往没那么理性，这家店以后他们还会去吗？

不会了！甚至对于某些较真儿的顾客，心里都会连带对整个品牌进行抵制，甚至于还会去网络上做一番宣泄，比如在各种社交平台，在各种第三方点评网站发泄自己的不满或愤怒。

顾客去餐厅消费也好，去逛商场也好，去 KTV 唱歌也好，其实能够左右他们心情和满意度的，更主要还是人为的因素，是服务的因素，而不是物的因素、硬件的因素、产品的因素。

这一点一定要掌握好。

李克强总理曾提出：“要通过简政放权，转职能、改作风，切实解决门难进、脸难看、事难办的问题，更好地服务基层、服务群众，让人民群众增添对幸福生活的信心，增进对党和政府的信任。”

总理强调的是政府机构要转变工作态度，增强服务意识。作为跟消费者打交道更多的工商界，更应该强化服务意识，提升服务水准，让消费者心情愉悦，彻底跟“门难进、脸难看、事难办”说拜拜。

互联网时代，顾客可选择的产品和服务越来越多，对产品和服务的要求也越来越高，越来越挑剔，商家应设法去满足他们的这种更高、更挑剔的需求，让他们心情更愉悦，而不是在相反的方向上火上浇油，给他们制造烦恼，挑战他们的底线。

别让我（多）花钱：满足消费者少花钱、不花钱的愿望

我家附近有一家蛋糕店。

我发现了一个现象，只要店家在窗外挂出“买一斤送半斤”的红色条幅，外面的消费者就会排出长长的队伍。不促销的情况下，则鲜见有人排队等候购买。

我猜测，很多人甚至都忽略了商品单价的变化，而只是简单被“买一斤送半斤”的促销信息所吸引。

有便宜，不占白不占！

这是大众的一种消费心态，是消费者希望“少花钱多办事”这一消费观的外在表现，是对性价比的永无止境的追求。消费者认为性价比越高越好，商家提供的产品和服务最好是免费的，不需要自己掏腰包。

京东 CEO 刘强东有一个观点，“我们做的所有的投资，我们发展的一切一切都围绕着三点，要么降低成本，要么提高效率，要么提高用户体验，如果跟这三个没关系的，我们坚决不做。”

周鸿祎也有类似的看法，“创业，就一定是创新，而创新，你要么发明一个东西，要么把贵的东西变便宜，要么把复杂的东西变简单，互联

网产品给客户带来的价值无非如此。”

不过，相对小米的超低价、超高性价比，周鸿祎的玩儿法更绝——直接免费！

在360进军杀毒软件行业之前，国内个人用户级别的安全软件一直都是收费模式，市场规模高达10亿元人民币，一直被瑞星、金山和江民三个巨头垄断。

突然有一天，奇虎360宣布推出免费杀毒模式，传统“瑞星、金山、江民”三足鼎立的市场格局，瞬间土崩瓦解，用户曾经的品牌忠诚度，在免费的诱惑下，一夜消失。

奇虎360将竞争对手的用户全部收归囊中，霸占了国内安全软件的整个市场。

出此奇招，周鸿祎是明白“免费使用是所有人的潜在刚需（核心痛点）”的市场法则，于是，360不留任何余地，彻底做绝。

一剑封喉，一招制敌，名扬天下！

实体商家的免费模式有这样几种。

第一种：变相免费。

美国行为经济学家丹·艾瑞里的消费试验表明，大众消费者最普遍的心理是“花最少的钱，得到最好的产品和服务”，免费模式会让消费者产生一种情绪冲动，暂时忘记商品的坏处。当在两种产品之间进行选择时，消费者通常会选择免费的产品和附加有免费服务的产品，哪怕那种产品和服务并不是消费者最想要的。

一些聪明的商家就利用消费者的这种心理，顺势推出了“免费模式”。

最常见的是，充话费免费送手机。例如，顾客预存2 000元话费，选择一种消费套餐（通常比较高），商家会赠送一台价值2 000元的手机，再附赠一辆山地车。

作为消费者，看到这个信息往往会怦然心动，冲动之下可能就购买了。

我们仔细分析一下这种模式，市场价 2 000 元的手机，运营商从厂家直接批量采购或定制的成本非常低，可能只有区区数百元，至于山地车等小件赠品，成本更低。而消费者选择的较高的消费套餐，会给商家带来源源不断的收入和利润。

在学习这些免费赠送模式的时候，要设计出自己的商业模式，免费送的同时也要有利可图。

第二种：免费带动付费。

即部分商品或服务免费，以达到吸引顾客、增加人气、带动其他消费的运营模式。比如，某商场开业之初，采取“凭购物小票免停车费”的措施，来提升客流量。再比如，某购物中心向消费者大量发放免费电影票，吸引顾客前来观影，从而带动相关的餐饮、娱乐、零售等业态的销售收入。

第三种：没有附加条件的免费。

这种免费没有任何附加条件，是商家出于社会责任感，或者提升品牌形象的需求，而采取的免费策略。

2016 年 7 月，石家庄及周边连降暴雨，导致水库泥沙量剧增，进而影响到了石家庄主城区的饮用水、生活用水供应，市民用水极其不便。

石家庄众恒豪景酒店宣布，自 7 月 27 日起，该酒店将员工浴室临时对外开放，为市民提供免费沐浴服务。

这样做，为商家带来了什么？

第一，良好的形象。

第二，变相的宣传效应。

第三，有助于品牌传播。

第四，让过客成为潜在的顾客。

◇ 经营口碑，提供超预期体验

经营好你的口碑

前文，我们提到过消费的“漏斗模型”，在这种模型下，消费者从“关注—兴趣—渴望—记忆—购买”完成一次消费流程，随着购买行为的做出，消费行为也告一段落。

在口碑传播之下，消费者作出购买决定之后，消费行为并没有结束，他们会通过各种线上、线下途径来分享购物体验，从而形成口碑传播效应（见图 4.9）。

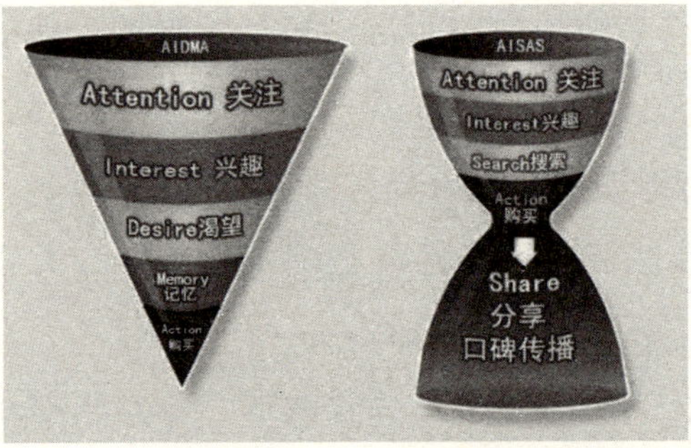

图 4.9 传统消费漏斗和口碑传播下的消费模型

实体店经营口碑，需要把握好以下几个要点。

第一，口碑有正负之分。

口碑有正面口碑和负面口碑，对消费过程感到满意的顾客会和人们谈论或在网上发布积极的产品使用感受，不满意的顾客则会发布负面经验或信息。在网络社会，这种口碑传播的速度和效应都会呈几何级扩散。在网络口碑产生过程中，消费者主动处理信息并转化为自己的语言或方式来表达满意或不满意，这是一个持续的内部沟通的过程。当口碑输出时，被认为是消费者体验一个产品或服务而触发了其自身沟通的产物（见图 4.10）。

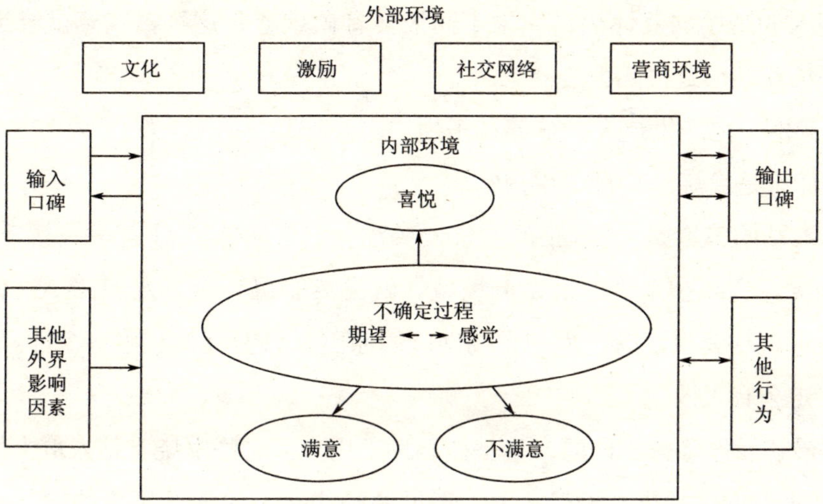

图 4.10　网络口碑的扩散路径

消费者的口碑传播，会影响到更多的消费者，这种影响有可能是积极的，会说服更多的潜在顾客来消费；消极的口碑传播则会对商家的生意产生不利影响。

所谓口碑的经营，就是要经营积极的口碑。

第二，好产品（服务）是口碑的本源和发动机。

营销大师科特勒认为，只有卓越的用户体验才能激发用户正面评论（正面口碑），这是口碑营销的基石。

好的产品（服务）就是口碑的发动机，是所有基础的基础。产品（服务）品质是 1，口碑传播都是它身后的 0，没有前面的 1，后面的 0 将没有任何意义。甚至，在产品（服务）存在瑕疵的情况下，盲目进行口碑营销，只会带来更大的负面口碑风暴，让商家难以承受。

第三，付诸真诚的情感。

客观地说，中国的消费者是很容易被感动的，商家只要用心服务好顾客，顾客就会想方设法去回报商家，其中最间接的方式便是口碑相传。

《影响力》一书中提及的互惠原理反映的就是这个道理。人们在接受了别人的帮助与关怀后，如果不回报会有歉疚感，这种歉疚感就会通过口碑推荐的形式去回报给商家。

第四，培养发烧友，培养种子用户。

什么是发烧友和种子用户？

雷军的答案是：“真正的发烧友关注什么？一言以蔽之——新奇特、高精尖。产品在某个方面做到极致，就自然能得到发烧友追捧。这就是小米手机从诞生起就一直追求高性能的原因。只要性能突出，个性鲜明，就一定会有人爱。

最初爱你、赞赏你的，就是核心种子用户。这些发烧友是人群中的意见领袖，而在消费电子行业中，意见领袖的评价对普通用户的购买决定有很大的影响力。”

商家需通过极致的产品、极致的服务和极致的消费体验，来打动发烧友，培养种子用户，再由他们来借助各种社交化媒体来口碑相传，才能得到空前的成功。

主动进行口碑营销

口碑营销是指商家在建立品牌的过程中，通过消费者之间的相互交流将自己的产品信息或者品牌进行传播。口碑营销的最大特征是可信度高，利用口碑传播所传达的信息渗透率高，达到最终成交的可能性更大。

有研究称，接近 20% ~ 50% 的决策背后，其首要影响因素是口碑，尤其是在消费者进行首次购买或者产品相对价格高昂的时候。

第一，口碑营销的优势。

口碑营销之所以令商家趋之若鹜，在于它相对于传统影响的先天优势（见图 4.11）。

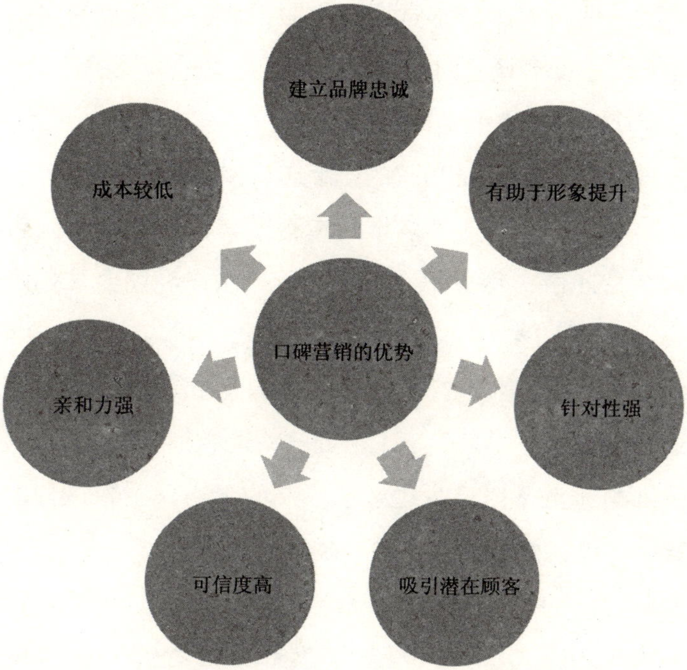

图 4.11 口碑营销的七大优势

第二，进行口碑营销的基础。

口碑传播要想进行得更快、更广、更好，而又可以让消费者“自然的、发自真心”地去进行正面传播，需要商家能够做到以下四点要求（见图 4.12）。

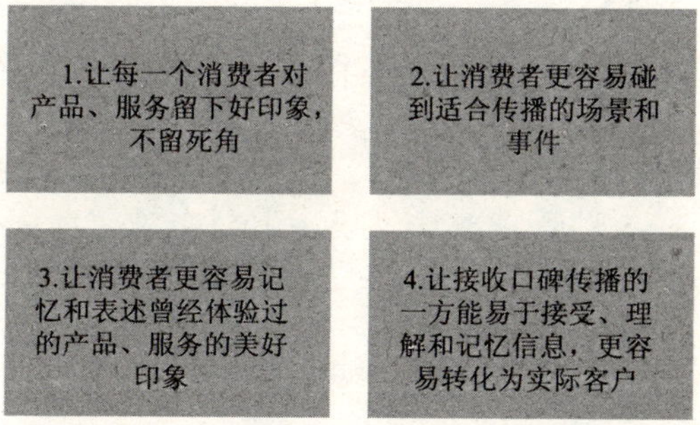

图 4.12 口碑营销的四个条件

第三，设法让顾客口口相传。

人们买了一件新衣服，感觉这件衣服很漂亮、很值的时候；人们享用了一次美食，心情舒畅的时候，就会情不自禁地向周围的朋友推荐。

所谓口碑营销，其实就是口口相传。

美国有一家名为“Flying Pie”的比萨店，该店每天都会确定一个人名，比如“Jack”“Rose”，叫这个名字的幸运顾客，会被邀请到店里的厨房制作自己的免费比萨，每天都有五个名额，制作现场会被拍照发布到网络。

新的幸运名字又怎么选？“Flying Pie”会请每个参加过活动的人提供名字，通过投票的方式来确定下一周的幸运名字。

顾客提供的通常是自己身边亲朋好友的名字，并将这种信息传递给他们，这样，关注比萨店的人群越来越大。

商家为此付出的成本并不高，而且平时由于工作繁忙，来体验免费活动的人并不多，但这并不影响他们四处帮忙传播“Flying Pie”。

“Flying Pie”的聪明之处在于将目标客户群体织成了一张网，通过口口相传的方式让客户带着客户来。

打造让顾客流连忘返的“诱因”

“好的商场一定能让顾客发出‘啊’的惊叹！”

这是伊藤洋华堂中国区总代表三枝富博的观点。

然而在品牌同质化和电商的双重冲击下，实体商业要想让顾客发出单音节的“啊”，甚至让顾客流连忘返，绝对不是一件简单的事。

除去商品、服务本身的新奇体验感，如今店铺氛围、店员的个性化贴心服务、读懂顾客需求等因素，都能让顾客流连忘返，而这些因素背后蕴藏着实体店铺的新机会。

第一，营造独特的店铺气质。

店铺气质是由店铺装潢、店铺氛围营造出来的，通过精心设计，可以为顾客创造出一个亲切、和谐、详明、舒适的消费环境。

店铺氛围和气质的打造，要考虑“适时、适品、适所、适人”等要求（见图 4.13）。

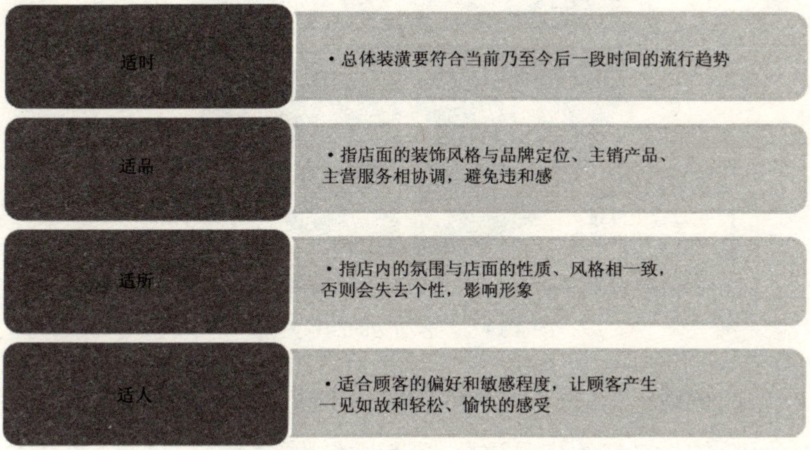

图 4.13　营造店铺氛围的“四适”原则

第二，读懂顾客需求。

伊藤洋华堂刚刚入驻成都时，为了了解中国消费者的需求，三枝富博和下属专门去市民家里看过他们的冰箱和柜子，甚至下手去翻看他们的垃圾。开店后，伊藤洋华堂有了更直接的方式，他们会直接询问消费者的不满之处，收集顾客之声，根据他们对停车场、商品、服务的反应迅速做出调整，改善顾客体验。

华堂商场的一名员工这样说：“很多顾客也说不清到底喜欢伊藤洋华堂哪里，反正就是喜欢。”其实，顾客喜欢的是伊藤洋华堂真的“懂”他们。

伊藤洋华堂为了满足顾客的个性化需求，对顾客的消费类型进行了划分（见图 4.14）。

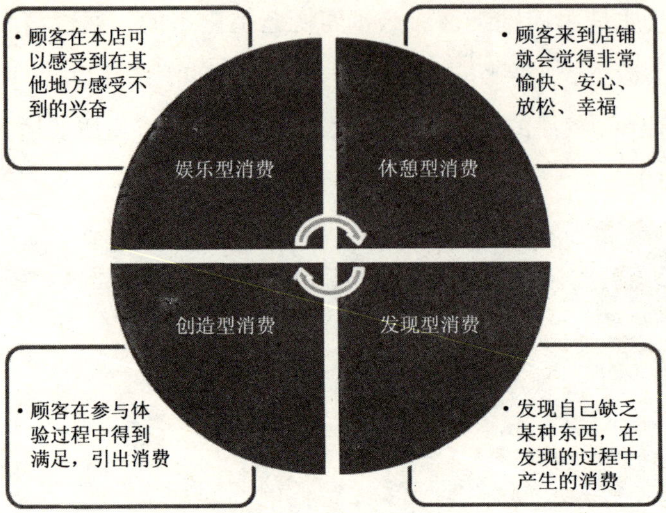

图 4.14 顾客消费的四种类型

当然，所处行业不同，顾客的需求也不同。

比如，有一家餐饮店是这样解读顾客的："顾客是我们的'衣食父母'，是我们的财神。餐饮业的顾客往往具有某些领导的特征，喜欢使唤别人。从一定的意义上讲，顾客到餐厅就餐，其实是来过'领导瘾'的。因此，在餐饮服务中，我们必须像对待领导一样对待顾客。"

只要用心，就一定能读懂顾客。

第三，给顾客创造惊喜。

培训专家余世维讲过这样一个案例。

顾客于先生去泰国出差，入住了东方饭店，饭店的贴心服务给他留下了深刻印象。当他第二次入住时，饭店在服务上的几个细节更让他流连忘返。

当于先生走出房门准备去餐厅的时候，服务生恭敬地问道："于先生，是要用早餐吗？"

于先生很奇怪："你怎么知道我的姓？"

服务生说："我们饭店有规定，晚上要背熟所有客人的姓名。"

于先生很惊讶，心情舒畅地来到餐厅，餐厅迎宾服务生立马说：“于先生，里面请。”

看到于先生疑惑的样子，服务生解释说：“客房服务员打电话说您已经下楼了。”

他走进餐厅，服务员微笑着问：“于先生还要老位置吗？”

于先生的惊讶再度升级。

服务员说：“我刚查过电脑记录，您在去年的 6 月 8 日在靠近第二个窗口的位置上用过早餐。”

于先生听了很兴奋，“老位置！老位置！”

服务员接着问：“老菜单？一个三明治，一杯咖啡，一个鸡蛋？”

于先生兴奋到了极点：“老菜单！就要老菜单！”

后来由于工作繁忙，于先生再没去过东方饭店。三年后，他生日的时候突然收到了一封来自东方饭店的贺卡：“亲爱的于先生，您已经有三年没有来我们这儿了，我们全体人员都非常想念您，希望能再次见到您。今天是您的生日，祝您生日快乐！”

于先生激动得热泪盈眶，发誓要说服所有亲友，如果去泰国一定要去住令他终生难忘的东方饭店。

能将服务做得如此用心、如此体贴入微的程度，顾客自然会流连忘返，也会主动将商家的良好口碑传播出去。

第四，与顾客的喜好、情感结合起来。

如果实体店经营者将店铺的经营元素和顾客的爱好巧妙结合起来，比如提供让顾客喜欢的图书、音乐、手工等，让顾客陶醉其中，难以自拔，自然能够让顾客喜欢上小店，流连忘返。

同样的链接，还有情感，如果店铺提供的产品和服务在顾客的情感经历中留下印记，那么显然会给他们的人生经历留下浓重的一笔，会给他们留下最美的回忆和深深的好感。比如，顾客和初恋情人的第一次购物、第一次看电影、第一次听音乐会、第一次用餐等。

第 5 章

店商武器之“碧玉刀”

打好服务牌：暖心服务，切中痛点

如果客人觉得吃得开心，就会夸你的味道好；如果觉得你冷淡，就会说难吃。服务会影响顾客的味觉！

——张勇，四川海底捞餐饮股份有限公司董事长

◇ 实体店经营者必须具备痛点思维

痛点思维

移动互联网时代，“痛点”二字越来越频繁地出现在大众面前，吸引着人们的眼球。

在小米CEO雷军看来，创业最重要的就是找到痛点。[1]创业第一步是确定产品是什么，要解决什么样的痛点。

当一个问题或者痛苦愈发深重时，就越有可能找到对抗之策，对抗之策的背后对应着商家提供的产品或服务。

痛点，简单解读，即痛苦之点。

从生理学角度看，痛点就是人体柔软脆弱的部位，按压触碰，或者刺激之后就会感觉到疼。

从社会学角度看，痛点就是那些让人感到不安、羞怯、沮丧、紧急、难受、煎熬、愤怒等一切负面情绪的爆发点。

---

1 2015年3月7日央视新闻直播间。

从消费心理学视角看，痛点就是消费者在使用产品或服务时产生抱怨的、不满的、苦恼的、愤恨的，是一切让人感到痛苦的接触点。

痛点不同于刚性需求。举一个简单的例子，女性肥胖、成年男性矮小，这些情形无疑会让当事人非常痛苦，是他们的痛点所在。但这些痛点并不意味着他们就一定要去减肥，就一定要去增高。换句话说，这些痛点本身并不是他们的刚性需求，充其量只是一种潜在需求。

所谓痛点，是指用户在使用产品或服务的过程中更高、更挑剔的需求未被满足而形成的心理落差和不满，这种落差和不满会在用户心智模式中聚焦成一个点，成为负面情绪爆发的原点，让用户感觉到疼。

以服务最终消费者为目的的各类实体店经营者和从业者，要具备痛点思维，去了解顾客的痛点所在，帮他们去化解，解决他们的难题。

痛点思维在本质上是一种问题思维（见图 5.1）。

图 5.1 痛点思维 = 问题思维

用户痛点解决之前，它是一个问题，用户是痛苦的，痛则不通。这时，商家和顾客之间的矛盾得不到化解，隔阂得不到消除，导致互相算计、提防，交易成本增加，相互之间都处于一种不经济的状态。

化解了用户痛点，问题消失，用户的烦恼化解了，通则不痛，机会来临，双方信任度提升，交易环节简化，交易成本降低，双赢的结局，皆大欢喜。

1999 年，我还在读高中，在县城一座百货大楼里买了一件羽绒服，花了四五百元。买回去，同学都说颜色太老。于是，就想去退货。在当时那种消费大环境下，本来也没抱什么能退的希望，权作死马当作活马医。

折返回去，下车的时候，手提袋的提手还不小心弄断了。找到商家，果不其然，怎样好说歹说，就是不给退。

有些无奈，只得回去。临走时看着损坏的手提袋，我就顺便问了一句，看他们能否给个新的袋子，店家竟然也不给。当时心里那个窝火，就别提了，已经不能用不满来形容，是相当愤怒。再也不想停留一刻，愤怒离去。

相信很多人都有这种消费经历，卖出去的东西就如泼出去的水，断无退货的可能，有些恶劣的商家，甚至连换都不给你换。

那么，顾客痛点来了。

花钱买的东西，不满意也不能退，一旦钱掏出去了，就再也没有主动权和话语权了。

在商业大环境整体如此的时候，消费者只能忍耐，但他们心中憋着一团火。

一旦行业中出现黑马竞争者，瞄准用户的这种痛点，进行革命，进行创新，来提升用户的体验，那么，星星之火会迅速燎原，吸附到无数用户。

也许是由于很少逛商场的缘故，直到2015年的时候，我才发现了传统零售业态的一个革新者——信誉楼百货。

这是起家于河北一座小县城的区域性百货公司，目前已经在省城石家庄开了二十余家店面。

在信誉楼百货，有一套独特的“退货哲学”，顾客买的商品，不论是衣服，还是鞋帽，包括超市的食品、日用品，都随时可以退货。在信誉楼百货，甚至出现过这样的案例，有顾客花几百元买了一双鞋，穿了一个多月还是感觉磨脚，无奈就拿回去退货，结果竟然也给退了。

我也有过这种退货的亲身经历，一次陪朋友去退一件衣服，客服人员只是简单查看一下，态度非常好，当即表示可以退款，去收银台结算的时候，临走他们竟然还送了一包抽纸。

超出顾客期望值，让人受宠若惊了！

我相信退货的顾客终归是少数，即使有退货，对企业收入的影响也是微乎其微。但是这种退货哲学所带给顾客的信任感、放心感、安全感，是无价的。

顾客痛点由此被疏通，一通百通。

顾客和商家之间建立了一种信任感，顾客就可以放心消费，就可以大胆进行冲动消费而不用再后悔，也不用再担心上当受骗。

不得不佩服信誉楼百货决策者的格局和境界，这种“无底线”的退货政策，看似商家吃亏了，其实不然，等待他们的是顾客痛点的“通则不痛”，极大地提升了交易的通畅度，商家也就等于打开了阿里巴巴宝藏的大门。

顾客花钱的两个方向

“顾客的痛点是什么？你是如何解决的？”

这是实体店经营者应牢记于心的一句话，它又可以分解为以下几个小问题。

第一，顾客的需求在哪里（顾客的痛点是什么）？

第二，如何满足顾客需求（如何消除顾客痛点）？

第三，顾客是否会为你的解决方案买单（顾客是否愿意为消除痛苦付费）？

基于痛点的需求，只是顾客需求的一个方向，需求是有层次之分的，顾客需求通常表现在以下两个层面。

第一个层面：“止疼型”需求。

这类需求，时不我待，非常急迫，在这种情况下，顾客对相关的止疼产品的需求最为强烈。

第二个层面："愉悦型"需求。

试想一下，顾客面对各种琳琅满目的商品和五花八门的服务，为什么会掏钱买账？无不是出于这两种需求。

相对于愉悦顾客，缓解或消除顾客痛苦，显得更有价值，也更有意义。

相应地，对抗痛苦的生意要比愉悦顾客的生意更好做，因为顾客的需求更紧迫、更急促。更多的时候，人们甚至没有选择的余地，没有说"不"的权利，只能选择"破财消灾"。

只要有人的地方，就有痛苦存在。只要有痛苦，就有商机存在。因为一旦有痛苦，人就需要相应的产品或服务来消除痛苦，就需要为产品和服务买单。

当顾客有痛苦时，商家也发现了顾客的痛点并为其提供了去痛的产品组合，那么，是否意味着顾客就一定会购买呢？

未必！

为什么呢？

一个简单的问题：顾客为什么要付费呢？

答案是：因为他们有需求！

问：顾客为什么有需求呢？

答案是：他们有问题或麻烦需要解决！

问：有问题或麻烦，就一定会产生需求，产生购买吗？

答案是：不一定！一个简单的例子——某个人身材很胖，就一定有减肥的需求吗？就一定要花钱去减肥吗？当然是不一定。

问：怎样才能让顾客的烦恼转化为实际需求，付诸消费行动呢？

答案是：当不变的痛苦（现实烦恼）超过改变的痛苦（付出合理的成

本，代价不要太高昂）的时候，潜在需求才能转化为实际购买。

创业者要明白这样一种逻辑：有了问题，顾客才会产生痛苦；痛苦足够大，才会产生需求；相应的产品或服务的性价比要足够好，顾客才能最终去购买。

哪里有痛点，哪里有商机

商家通过发现顾客乃至生活中那些让人感觉不安、痛苦、窘迫、焦躁、烦恼、不适的痛点，分析研究痛点背后的深层次需求，提供独到的“止痛”方案，提供能够商业化的产品和服务，如此方能更好地满足潜在用户的需求，使之付诸购买行动，从而大大提高商业经营的针对性和成功率。

简单来说，哪里有痛点，哪里就有商机。

有一段时间，我老是咳嗽，试了很多药，都不管用。一个中医朋友给我推荐了一个偏方，说可以去药店买一些川贝，掺一些冰糖、雪梨一起熬，这种川贝冰糖雪梨水的止咳效果特别好。

朋友特意叮嘱，买十几元的川贝就足够了。

找了一个离家最近的“新兴药房”，这是本地规模比较大的一家连锁型药品零售企业。

“先生，您需要点儿什么？”

刚进门，营业员就迎了上来。

“有扇贝吗？”

“shanbei？是哪两个字？”柜台里面一名收银员问道。

我感觉很奇怪，他们竟然不知道，“就是扇贝啊，一个医生朋友给我推荐的。”

“想用来做什么？”营业员又问。

“止咳用的。”

“噢，那是川贝吧？”营业员笑道。

“对对，不好意思，记错了。”我有些尴尬，“那川贝有吧？”

“有，5 元一克，请问您需要多少？”

“20 元的吧！”想起朋友的叮嘱，我随口说道。

“实在不好意思，秤今天没在店里，拿去校准了。”柜台里那名收银员插了一句。

“没有秤？”我将信将疑。

“对！”

那就算了，我转身离开，去了旁边一家药店。

这家店的川贝要便宜很多，2 元一克。

我说要 20 元的吧，店里的一名小姑娘很热情地去给称。

在她忙着将川贝捣碎时，我跟她说起了刚才在另一家药店的经历。

“哥啊！他们那哪是秤坏了呀？是人家嫌你买的少！”伶牙俐齿的小姑娘说道。

一语点醒梦中人，仔细一想，可不就是这样吗，我恍然大悟，顿时有一种被愚弄的感觉。

对方是营业员，是商家。那么，我的对抗措施是什么呢？

再也不去消费，不仅仅是这一家店面，甚至于所有“新兴药房”的连锁店面都会受这种负面情绪的波及，这也是普通消费者一种再正常不过的心理反应。

药品零售是一个完全竞争的市场，而现在是一个体验为王的时代，谁让顾客更舒服，顾客就会去谁那里消费，哪怕价格高一些都无所谓。

不要自以为你比顾客聪明，一旦他们识破你的小伎俩，顾客就会选择用脚投票，跟你老死不相往来。

去逛信誉楼商场时，我拿回了一本他们的宣传册，名字叫《视客为友：

案例选编》，其中一个名叫孙婷的营业员讲了这样一个故事：

“一天中午，一位 30 多岁的男顾客来选项链。顾客不在乎多少钱，只想要一个克数大点儿的。根据顾客的身高，我帮顾客选了一款竹节加橄榄型 50 多克的项链，但是顾客为了更气派，执意想选一个克数更大一些的。我拿了一个 70 多克的让他对比。大克数的项链对于他的身材条件来说，显然过于夸张。

我就对顾客说：‘男士戴黄金项链，本身就代表着气派，只要合适就行，不一定越大越好。这款 50 多克的就很适合您。’

顾客比了比，觉得很满意，说：‘要是在别处，肯定说 70 多克的好看。还是信誉楼的服务更真诚，就给我拿这款 50 多克的吧！’顾客临走时连声向我道谢。

因为顾客对我的信任，我感觉很有成就感。”

看了这个案例，真是让人温暖，让人感动。

对比一下“新兴药房”的营业员，表面上看，这只是两个营业员服务方式的差距，是偶然现象，是个例。其实不然，我更愿意相信他们是企业文化、员工培训、价值导向、服务意识、绩效考核等多重因素综合发力的结果。

如果商家只是营业收入驱动型的，那么其员工也显然会将顾客分三六九等，对业务挑肥拣瘦。如果商家是顾客满意驱动型的，并以此来要求、考核员工的话，那员工的行为必然会向让顾客满意的方向靠拢，而不仅仅是为了成交，不仅仅是为了说服顾客多消费。

不要以为顾客比你傻，也不要自作聪明。你是充满关心，还是暗藏私心，他们其实都心知肚明。

顾客的抱怨，哪怕是细微的抱怨，对商家都是致命的隐患，因你的疏忽所导致的顾客的痛点，恰恰会成为竞争者的机会。

顾客的痛点和抱怨，也是商家改善的机会。

基于顾客痛点优化用户体验

对于每天要接触大量顾客的商家来说，顾客抱怨和痛点可能是小事儿。

但对于每一个具体的顾客而言，却不是小事儿。

当无数个“小事儿”“小节”“小抱怨”“小痛点”累积到一定的程度时，将会聚沙成塔，实现由量变到质变的逆转，到那时再意识到问题的严重性，就已经为时太晚。

聪明的应对之策是对顾客的抱怨和痛点进行持续的修补与改善，精进产品，精进服务，优化顾客体验。

稻盛和夫先生在《六项精进》[1]一书中提出了“六项精进”（见图 5.2）。

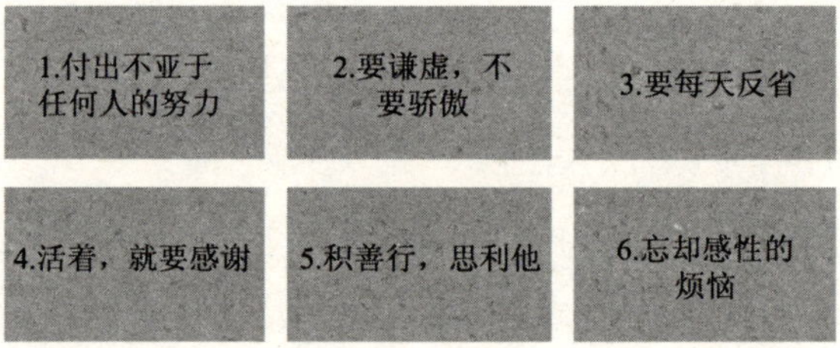

图 5.2　六项精进

这就是所谓的“六项精进”，实体店经营者学习运用痛点思维，同样需要“六项精进”。

（1）跟自己死磕（死磕产品、服务、用户体验），付出不亚于任何人的努力；

（2）不断地突破自己的恐惧、胆怯，锐意进取，学习新思维。

（3）对产品、服务品质的追求永不松懈。

（4）致力于提供更优质的服务。

（5）在提升顾客体验方面日臻完善。

（6）每日换位思考，研究顾客的不便、烦恼、痛点，设法去改进，

---

1 北京高教音像出版社，2011 年 3 月出版该图书。

精进，精进，再精进。

以这种心态去开店，去销售产品，去提供服务，去满足顾客日益挑剔的需求，实体店怎么可能会被颠覆？

比如，某个店铺，某个线下商家，如果他们是销售产品的，他们切中了用户痛点，提供了比竞争对手性价比更高的产品，提供了让顾客尖叫的产品；如果他们是做服务的，他们针对现有行业中的用户烦恼，优化了服务体验，让顾客流连忘返，乐于分享自己的愉快消费过程，口碑相传；如果他们是做餐饮的，菜品不仅好吃，而且服务好，品质稳定，绿色又安全；我相信诸如此类的痛点式经营，它的老板所担心的绝对不应是电商冲击，他们的成功一定是水到渠成，自然而然。

◇ 互联网时代，顾客越来越挑剔

被“伺候”得愈发挑剔的消费者

2012 年，罗永浩[1]写过一篇声讨中国航空公司的长微博，他声称自己在严格按照操作流程的情况下，又花 6 000 元为已经购买了经济舱机票的母亲买了一张公务舱机票，然而在登机时，却遭到了机长的意外制止和恶意对待。

有些业内人士不以为然，认为罗永浩缺乏基本的民航常识。也有人认为，消费者花钱消费没有义务去了解那些相关领域的专业常识。

罗永浩则称自己的“刺头行为”是在帮助商家进步，社会也需要他这样的刺头。如果大家都委曲求全、得过且过，放弃了应该享有的权利和更好的享受，那么只会在浑浑噩噩中进行交易。

1 现为锤子科技 CEO。

这些看法本身没有对错，只有角度。

不过将这个问题放到目前整个消费大环境下，我们会发现一些值得重视的迹象。

消费者的消费习惯正在改变，他们不再逆来顺受，不再“听话”，而是变得更加理性，更加成熟，充满个性，他们对服务、尊重、权益的需求越来越高涨，且希望发出自己的声音，而不是对商家的一切所作所为都被动接受、无动于衷，甚至会伺机做出反击，比如像罗永浩这样的“刺头”。

在当今日益发达的信息网络社会，所有行业的消费者都在变得“日渐挑剔”，人们会专注于自己想要购买的产品与服务，并且通过一切可能的方式变成“行家”，从而发现产品、服务的优势与不足。

无视这种趋势的商家，会受到惩罚。

面对惨淡的经营业绩，宝洁 CEO 大卫 · 泰勒近日公开承认错误：宝洁一直将中国视为一个发展中市场，而实际上中国已成为世界上消费者最为挑剔的市场。这种错误的认知，带来的直接后果便是消费者的大量流失。[1]

麦肯锡咨询公司在访谈了中国 44 个城市的上万名消费者后，得出了同样的结论——中国消费者已经不再像以前那样不加选择、买到什么是什么了。换句话说，中国人在消费上越来越挑剔了。

国内消费者的挑刺集中表现在“对自己更好点儿”上，他们已经不再满足于普通的产品，转为追求那些能让生活变得更美好的高端产品、休闲娱乐产品和享受型产品（见图 5.3）。

顾客的挑剔只是表面现象，背后反映的本质有三点（见图 5.4）。

---

1 马欢：《宝洁的中国困局》，载于《时代周报》，2016 年 7 月 5 日。

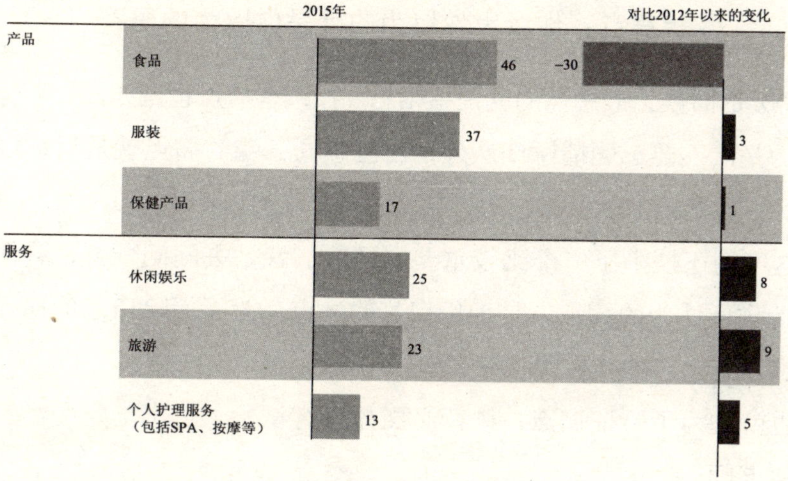

图 5.3 国内消费趋势演变[1]

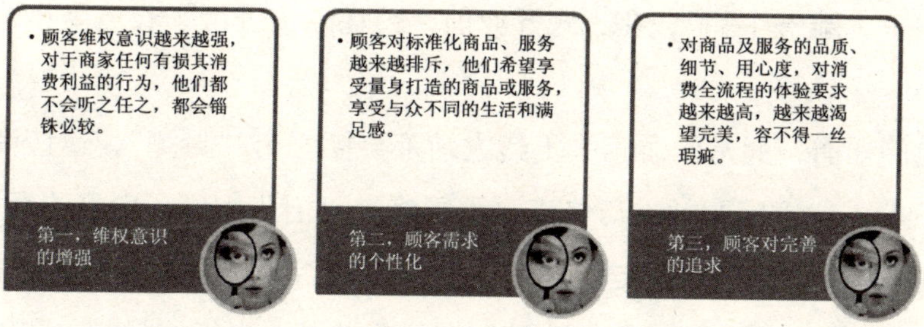

图 5.4 顾客挑剔背后的真实诉求

挑剔的消费者带来挑战，也意味着商机。如果商家满足了挑剌消费者的需求，其他消费者就更不在话下了。

实体店经营者要抓住挑剔需求下的增长机遇，不要陷入“价格战”或“硬碰硬”的误区，真正以消费者体验为中心，通过增值服务和超高性价比的产品来为消费者创造更多价值，才能赢得无缝零售之战，实现跨越式发展。

1 资料来源：麦肯锡 2016 年中国消费者调查报告。

找痛点：你以为你以为的就是你以为的吗？

恋爱的时候，最忌讳的就是单相思。找顾客痛点也是如此，切记不要自以为是。不要一厢情愿地认为，自己感同身受的痛点就是目标顾客的痛点，在此基础上做出相应的产品和服务，就可以大卖。

这中间还缺少了一个比较重要的环节，就是去问问顾客，看他们是否认为你所认为的痛点就是他们自身的痛点。为了消除自己的痛点，他们是否愿意为你的产品和服务买单。

也就是为了验证痛点，进行必要的顾客试验，付出一定的学费，让顾客当老师。

我们讲过“雕爷牛腩”的案例，其实雕爷孟醒围绕食客痛点打造的轻奢餐——“雕爷牛腩”，在正式开业前，曾耗巨资进行了长达半年的内部封测。

我们知道，通常网游正式上线之前都会搞一个“封测”，邀请资深玩家来玩儿，找出问题并进行修正。孟醒将这一招儿用到了自己的餐厅上，顾客测试的目的，就是看自己的产品和服务是否真正击中了顾客的痛点。

于是，我们看到了“雕爷牛腩”在开业前长达半年的封测，雕爷为此烧掉了1000多万元。他所邀请的顾客都是各路明星、微博大V、美食达人，全部免费试吃。在半年的封测期内，前来“雕爷牛腩”试菜的影视明星和京城各界美食达人多达数百位，甚至很多圈内大咖、明星皆以获得雕爷牛腩“封测邀请码”为荣。[1]

这在传统餐饮人士看来，简直就是瞎胡闹。不过后来的事实证明，孟醒这笔钱没白花，这半年的时间也绝不是在瞎折腾。

雕爷认为，一顿饭从前菜到主菜再到甜品是一个系统，每道菜都不是单独存在的，封测的过程就是找出其中的问题。有一个例子，“雕爷牛腩”最初的开胃小菜，选用的是韩国的重发酵泡菜，但经过各种美食

1《不爱雕爷牛腩还真不是因为你是屌丝》，载于《中国商人》，2015年3月6日。

达人的一致品评，最后被换成了四川泡菜，因为韩国泡菜酸辣太过生猛，影响了后续沙拉相对清淡的口感。

前面有各路达人在试吃，在挑刺，后台则是雕爷牛腩的专业技术人员夜以继日地在诸如菜单、页面、按钮等各种小细节上“较劲儿”。

足足半年的封测确实没白搞，雕爷牛腩的服务和菜品口感被优化到了极致。

正式开业时，一炮走红。

由此不难发现，进行顾客试验的目的有两个（见图 5.5）。

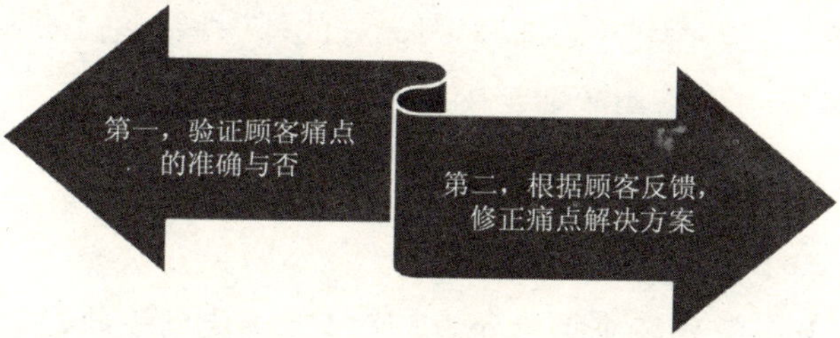

图 5.5　痛点验证的两个目的

商家很容易跌进“伪痛点”的陷阱，其根源在于创业者在把握顾客痛点的时候，过多地陷在自己的小世界里，只是简单地从自身经验、个人理解出发，个人觉得某个顾客痛点会很紧迫，迫切需要自己去解决，不是从顾客的真实需求出发。而是简单地凭直觉，凭借所谓的“第六感”，跟着感觉走，依据自己的思维模式、知识结构、文化背景、生活经历来做判断。

去过济南的朋友都知道，当地的“地摊文化”非常明显，很多人喜欢在路边小摊吃烧烤，喝啤酒。尤其是夏天，到处都是路边摊、马扎儿、烤串、光膀子、扎啤。

有人感觉这种路边小吃不卫生，且不雅观。就有后来者给改良了，将路边摊挪到了室内，房间收拾得干干净净，进行了精心装潢。

结果却门可罗雀，鲜有人光顾，为什么？因为去了找不到那种感觉了，食客要的就是户外接地气的那种氛围。

夏天到了，城市大街小巷布满了烧烤商家，很多人都遇到过、听说过烧烤摊使用猫肉、鸭肉、狐狸肉、狗肉来冒充羊肉的事实。

用各种肉滥竽充数来冒充真羊肉，这是有事实依据的。山东电视台做过一档暗访节目，发现市场上的羊肉串80%不是羊肉，而是鸭肉、狐狸肉、貂肉，是用羊油浸泡过的。甚至在有些地方，去菜市场买羊肉卷，老板也会问顾客要真的还是假的，还是半真半假的？

哎！痛点来了！

作为消费者应该都怕吃到假羊肉，对此都深恶痛绝。那么，如果去做烧烤生意，就用货真价实的纯羊肉，肯定会大受欢迎。

还真有这么想的，且真的去做了。

自媒体人董俊峰讲过一个案例：

“本地（山东某地级市）有个97烤吧，羊是现杀的，老板是个女的，1987年的，别人都喊她芹姐，我比她大，自然应该喊她芹妹子了。

我把本地烤串抱怨了一通。

芹妹子仿佛找到了知音：‘这一切的根源就是本地没有烧烤文化，晚上9点你出来走走，路上几乎没有行人，这个时间出来活动的就没几个正经人，这些人消费能力也不行，对于他们而言，真羊肉假羊肉并不重要，是肉就行，好吃就行，能喝酒就行。’

她这么一说，我又突然觉得挺有道理的。请芹妹子吃烤串的那天晚上，10点左右，小吃街上一个人都没有，我们三个人坐在外面吃烧烤，来了俩小伙以为我是老板，问我：‘有蛋炒饭没？’

我说：‘没有！’

他们走了。

芹妹子当初上这个项目，也跟我似的，以为发现了重大市场，尝遍了本地烤串，没有一家让她满意的。当她自己真的上了这个项目，卖高大上的烤串时，发现反而没人吃……

她说的有道理，正经人没有吃串的。”

为什么在济南大受欢迎的真羊肉串，在其他地方却门可罗雀呢？

首先，人们的消费能力有地域性差异。

其次，各地的饮食文化也大有不同。切不可简单地将别处的餐饮项目跨地域生搬硬套。

也就是说，消费者的痛点也会有地域差异，它会随着人们的消费能力、消费文化而改变。

在揣摩顾客需求、痛点时，不要陷入自以为是的怪圈，不要替顾客做决定。

顾客一眼不爱，就会用脚投票

“用脚投票”一词来源于股市，要理解这个词，首先要了解什么是“用手投票”。股份公司产权明晰，投资者按其投入资本的比重，享受公司利润，行使所有者权益，就是“用手投票”。

反之，投资者还可以选择离开，“用脚投票”，也就是卖掉其持有的公司股票。

现在通常用来比喻对某事的失望或抵触，选择离开或者放弃。

在消费领域，“用脚投票”是日益挑剔的顾客对消费者主权的宣示，这种权利让消费者挺直了腰杆儿，有了更多的选择权（见图 5.6）。

公司楼下底商新开了一家“南宫水饺”，兼做外卖，电话或微信均可订购。我是怎么得到这个信息的呢？是通过门把手上的名片。这是商家逐门逐户扫楼发的，上面有产品类别、价格和电话等信息。

我觉得这是一个很好的模式，因为周边是商业区和商务区，附近有很多上班族和各类电子、服装市场中的小商户，他们都要解决午餐问题，很多人有时候懒得外出吃饭，于是各种外卖应运而生。

图 5.6 商家自以为是，顾客用脚投票

这家“南宫水饺”开业第一天，我点了一份韭菜鸡蛋的饺子，由于已经过了用餐高峰期，大概十分钟就送上门了。

品尝了一下，韭菜中伴有少许鸡蛋，口味正常，还算基本满意，没有惊喜，也没有失望。

下午，商家还在微信上进行了回访，我从个人角度提了一些建议，劝他们在原料上做一些改善提升。

几天后，一个朋友来访，临近午饭时，下起了雨，于是又点了两份饺子，一份韭菜鸡蛋，一份猪肉白菜。结果让我大失所望。

韭菜鸡蛋饺子馅儿中，已经鲜见鸡蛋的踪影，而且有一股浓浓的韭菜辛辣味儿，一种半生不熟的感觉。

朋友吃的猪肉大葱馅儿也好不到哪儿去，他抱怨，“怎么全是肥肉和肉皮呀？”

各自吃了两口，就都吃不下去了。

从那以后，就再也没有考虑过这家“南宫水饺”。

做餐饮，首先是口感，要好吃，这是顾客的核心痛点。其他的便捷、性价比之类的都是其次，击不中顾客的核心痛点，基本上就宣告了产品的失败。

同样的经历还有一次，是附近商圈一个名为“乐送”的烟酒零食饮料外卖商家，操作模式和“南宫水饺”如出一辙，也有自己的线下店面。

前两次购买体验还算不错，送货及时，价格也不算太高。

第三次，送来的商品，其中一件明显跟他们微店中的图片不一样，量少了一半，另外配送员走了之后，我发现还多收了两元钱。

我在微信上给他们反馈了一下这个情况，他们的回复是，“不好意思，图片上错了”，至于多收的钱，则没给出任何合理的解释。

我也懒得再去细问了。

如果是聪明的商家，他们会怎么做？我相信一定是将缺少的量给补上，将多收的钱立马给退回，因为没有什么事情比这更重要。

可惜，他们什么也没做。

那么，我所做的就是用脚投票。

顾客用脚投票的前提是满意度受到挑战，顾客的满意度有两层含义（见图 5.7）。

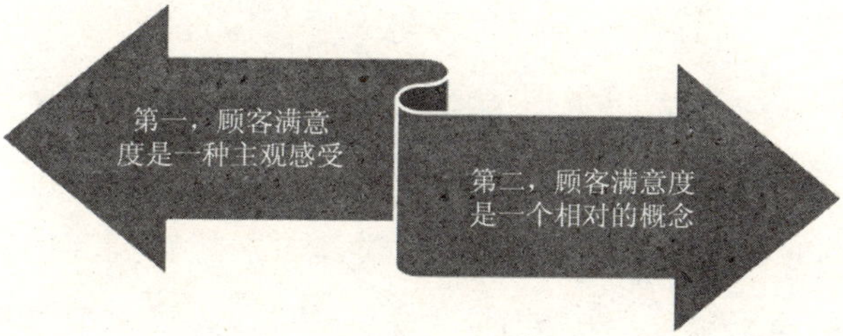

图 5.7 顾客满意度的两层含义

第一，顾客满意度是一种主观感受。

什么叫主观？就是“顾客说你行，你就行，不行也行”。在不同的时期、不同的环境下，顾客满意的标准迥异。过去满意的事儿，现在未必满意。现在满意，将来就未必满意。

第二，顾客满意度是一个相对的概念。

什么叫相对？就是“你比别人好，就是好，不好也好”。在特定的时期、特定的环境下，顾客满意度取决于对比。是否能满意，不在于商家做了什么，而在于比其他商家多做了什么、少做了什么。

顾客满意度受到挑战的结果往往是顾客一眼不爱，产品（服务）就寿终正寝。

对于商家，这是一个可怕的结果。

◇ 人是万物的尺度，打造有温度的商业

人是万物的尺度，打造有温度的实体商业

听人讲过一个关于台湾友人的真实经历。

这名台湾人 20 世纪 80 年代来大陆旅游，刚一到北京就被吓着了。他去商场购物，发现贴在墙上的“优秀营业员”工作标准，第一条竟然是“不打骂顾客”。好奇的他百思不得其解，售货员见其待在商店，便使劲儿瞪了他一眼，这人只觉得一阵透心的寒意袭来，赶紧落荒而逃，很长时间都不敢再踏上这片土地。

三十年河东三十年河西，那时，顾客如果能看到商店营业人员的展颜一笑，恐怕当场就会受宠若惊。如今，服务人员微笑神态不标准，都有可能遭到顾客的投诉。

无感情、冷冰冰的商业是特定时代的烙印，早已一去不复返。

今天，顾客需要的是有温度的商业，有温度的服务。

新的线下商业格局应当是什么？温度应无处不在！

“人是万物的尺度”，这是普罗塔哥拉[1]最著名的哲学观点。

1 公元前 5 世纪的希腊哲学家，智者派的主要代表人物。

实体业是以人为本，应需（顾客对温情商业、温情服务的需求）而生，因为满足顾客的心理需求而被需要，才能得以持续发展。

1. 构建有温度的消费环境

我们生活的这个社会已不可阻挡地进入大数据时代，每个人包括所有顾客，都是信息的制造者和传播者。大数据时代，顾客的需求更多，对产品更挑剔，实体店经营者应该怎么转变经营思路呢？

商家需要精准掌握用户需求信息，提供贴合用户需求的“有温度”的产品和服务，提供有温度的消费环境，做电商所不能做。

红星美凯龙首创性地提出了“实体赋能互联网”的概念，红星美凯龙总裁李斌表示，“门店是我们的体验中心、服务中心，也是未来我们最精准流量的最大的入口，通过实体店为线上平台多领域扩张赋能和用户积累赋能。”

李斌称：“最终我们是以实体门店为核心服务用户，让体验更有温度，让服务更专业、更人性化。同时，通过互联网平台和技术工具，让用户的选择更丰富，参与更便捷。线上线下一体化融合、相互赋能，建立无缝衔接的服务闭环，真正迎接品质消费时代的到来。”[1]

线下如何为线上赋能？依靠有温度的消费环境、有温度的体验（见图 5.8）。

把内心的温度外放，构建一个有温度的消费者环境，让消费者的心情更愉悦，应是实体店经营的基点，会让商品与服务更有不可替代的价值。

2. 提供有温度的服务

有温度的商业，离不开有温度的硬件、有温度的消费环境，更少不了人的因素，离不开人为的温情服务。

---

1 内容出自李斌关于“红星美凯龙‘1001’战略”的演讲全文。

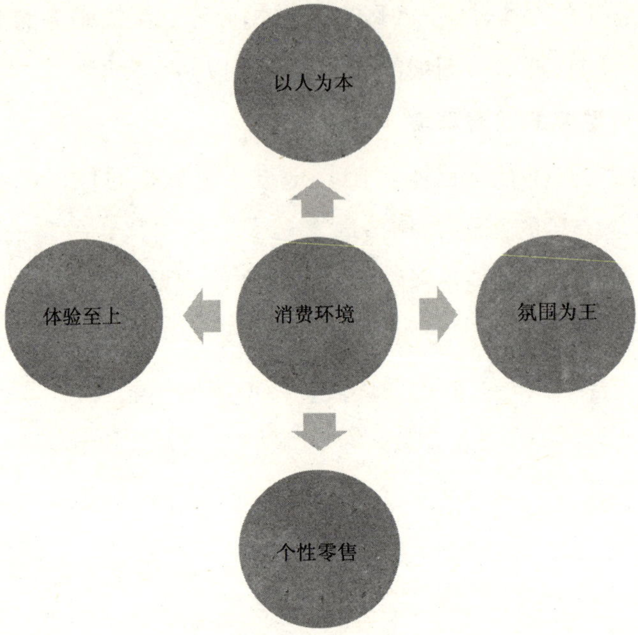

图 5.8 消费环境“温度”四要素

顾客服务的每个细节都值得实体店经营者“斤斤计较”，随时随地强调“人”的方便性，将人性化融入服务中，才能让更多的顾客看得见、摸得着、感觉得到服务的温度。

创立于 1927 年，业务遍及 24 个国家的丽思 · 卡尔顿酒店，是一家顶尖的国际五星级酒店，据了解，时装天后可可 · 香奈儿在去世前长达 37 年的时间里，一直以巴黎的丽思 · 卡尔顿套房为家。

这家酒店最让人津津乐道的一个特质，就是堪称惊艳的“有温度的服务”。

为了确保每个客人都能享受到有温度的服务，丽思 · 卡尔顿酒店的全体员工，上至总经理、高管，下至一线员工，每个人都随身携带一张信条卡，卡片上有这样的描述：“以客户得到真诚关怀和舒适款待为最高使命；承诺为客户提供细致入微的个人服务和齐全完善的设施；甚至还能心照不宣地满足客户内心的愿望和需求。”[1]

来看一位顾客对该酒店的评价：“酒店的服务可以说舒适到了极致，不论你身处酒店的任何位置，都会有很多工作人员随时响应你的需要，根本不需要等到自己开口，他们会主动接过行李，主动送到房间，主动帮忙寄存行李，主动帮忙提取行李，等等。同时，酒店办理入住及退房手续非常高效，入住整体感觉特别满意。”

实体商业是消费者和经营者的一次美丽邂逅，温度应无处不在。充满温情的服务来源于情感（见图 5.9），是消费者从进入消费环境后所碰到、摸到、看到、闻到、听到、得到所有的信息经过其大脑加工处理后的综合反馈。

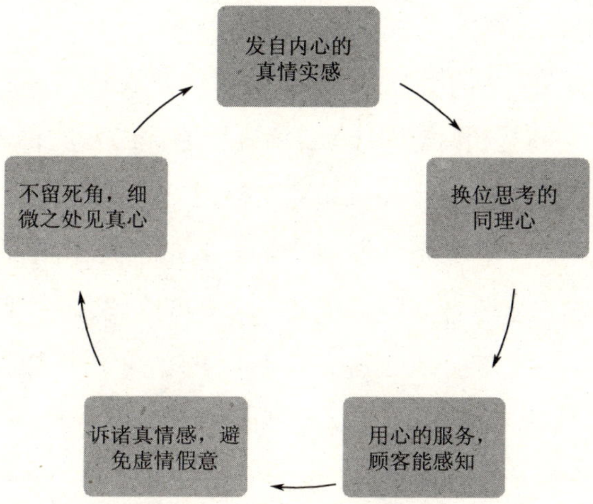

图 5.9　温情服务的内涵

欲善待消费者，必先善待员工

塔·布克是瑞士著名的钟表大师，也是瑞士钟表行业的开创者和奠

1 宋一平：《你们还在谈有温度的服务，丽思·卡尔顿已经玩得出神入化了》，载于《决策参考》，2016 年 3 月 15 日。

基人。

1560年，他在游览埃及的时候，参观了蜚声世界的金字塔。游览后，他断言，建造埃及金字塔的绝对不是奴隶，而应该是一群快乐的自由人。

2003年，埃及最高文物委员会通过对大量的墓葬进行考证，证实修建金字塔的并不是奴隶，而是当地有自由身份的农民和手工业者。

但在四百多年前，塔·布克却是没有任何证据来证明这一点的。他之所以敢这样断言，完全是因为他自己的制表经历。

塔·布克是一名天主教徒，1536年曾因为“亵渎”神灵被罗马教廷以异教徒的身份逮捕入狱。入狱后，监狱方面安排他制作钟表，但他却怎么都制作不出日误差小于十分之一秒的钟表。而在入狱前，他制作的钟表没有哪一块日误差大于百分之一秒。

“一个钟表匠在不满和愤懑中，要想圆满完成制作钟表的1 200道工序是不可能的。在对抗和憎恨中，要精确地磨锉出一块钟表所需要的254个零件，更是比登天还难。”塔·布克这样说。

推己及人，从自己的亲身经历，塔·布克想到了埃及金字塔的建造者。若是金字塔的建造者是满心愤懑和不满的奴隶，金字塔的各个环节就不可能被衔接得那般天衣无缝，连刀片儿都插不进去。所以，建造金字塔的一定是一群自由人，而且是虔诚而快乐的自由人。

时隔四百多年，瑞士的钟表匠依旧坚持并恪守着一条塔·布克传承下来的行业准则——“在过分指导和监管过严的地方，别指望有奇迹发生。唯有在身心和谐的情况下，人的能力才能发挥到最佳水平。”

仔细揣摩一下这番话。

实体商业希望给顾客提供有温度的服务，首先应将这种温情传递给你的店员、你的员工、你的服务员。善待员工，让他们感觉工作是自由的、快乐的、虔诚的，在如此心境之下，他们才有可能为顾客提供有温度的服务。

2008 年，大连大商集团股份有限公司总裁在郑州改革开放 30 周年商业企业高峰论坛上说：“今天我不想讲大连大商，就想讲讲胖东来现象。这么多年来，我没有见过像胖东来这么好的生意，你见过人排队吗？见过汽车排队吗？见过电动车排队吗？烈日炎炎下，妇女顶着太阳，打着遮阳伞，推着电动车排 15 分钟，前面出去一辆，这边才能进去一辆，方圆一公里之内都没有商店，人家就在这一棵树上吊死。汽车也是这样，一到周末整条街都封路，不管是许昌，还是新乡。前几年如此，现在还是如此，不服不行！”[1]

这些行业协会和同行的评价，没有夸大其词。

进入胖东来的店面，有什么不一样呢？最明显的是你所看到的营业员，全都笑逐颜开，跟其他地方营业员那种常见的职业性微笑不同的是，他们的微笑是发自内心的，让顾客如沐春风，感觉很舒服。

胖东来的营业员称呼顾客没有不喊哥不喊姐的，看到抱孩子、提东西、上下楼梯的顾客，马上会有人出来相助。超市内部，做清洁工作的阿姨，竟然跪在地上拿毛巾擦地，旁边还有一个配合着拿扇子扇，两人有说有笑，高高兴兴就把活儿给干了。有人问她们是老板这样要求的吗？回答说不是，那是为什么呢？她们的答案是因为这样擦得干净！什么情况下，人会以这样的态度来干活儿，只有在家里，给自己干活儿，给自家擦地的时候，才会如此精心，才会这样负责啊！

我们的员工或许也能做到这一点，但他们很可能是畏于制度、迫于老板的压力，咬着牙这么干。对于工作，是积极主动还是制度所迫驱动，带来的结果是不一样的，员工的工作状态是不一样的。更重要的是，他们给顾客的感受是不一样的。人都不傻，你对他们是真心相待还是外热内冷、虚情假意，大家是能够体味出来的，这就是差距，这种差距有时候是难以逾越的鸿沟。

---

1 姚远生：《也来解读“胖东来现象”》，2013 年 9 月 1 日。

什么人会像胖东来的员工一样认真负责？家里人。

员工为什么为你的店铺操心？因为这事儿和他有关系，和他自身的利益切身相关。不操心，自己的经济利益就没有保障，甚至被切断。操心了，店铺好了，自己也就好了，也就得到实惠了。

这就是胖东来的管理逻辑，让员工切实得到实惠，得到收入。胖东来的员工收入相当可观。

作为同行，大连大商集团股份有限公司总经理的年薪是多少，通常是 28 万元，最高也不会超过 50 万元。你猜猜胖东来一个店长年薪多少？100 万元！是大商集团股份有限公司总经理的三四倍，这只是个店长。再看看其他管理人员的收入（见图 5.10）。

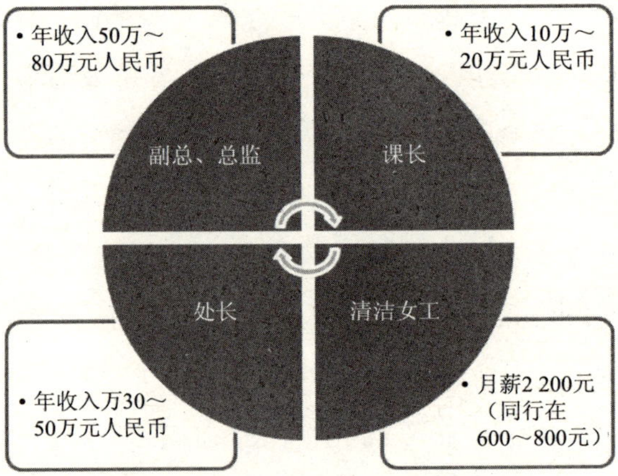

图 5.10 胖东来各级员工的收入水平

如此，便不难理解为什么胖东来的员工能为顾客提供发自内心的温情服务了。

店员和顾客之间是一种服务与被服务的关系，这一点没错，但它并不意味着服务人员就低人一等。丽思 · 卡尔顿酒店的信条卡上有这样一条座右铭——“我们以绅士淑女的态度为绅士淑女服务！”它在业界被传为经典。

丽思 · 卡尔顿酒店领导深知，要营造恭敬且有温度的服务氛围与服务文化，就必须先在酒店内部营造一种尊重员工、善待员工的氛围，受这种氛围的感染，员工才能自然而然地为顾客提供有温度的服务，而非生搬硬套，挂着言不由衷的笑容，进行生疏而机械的服务。得到温情服务的顾客，则会成为商家的常客，甚至影响身边的人前来消费，为商家带来源源不断的客流和利润，实现良性循环（见图 5.11）。

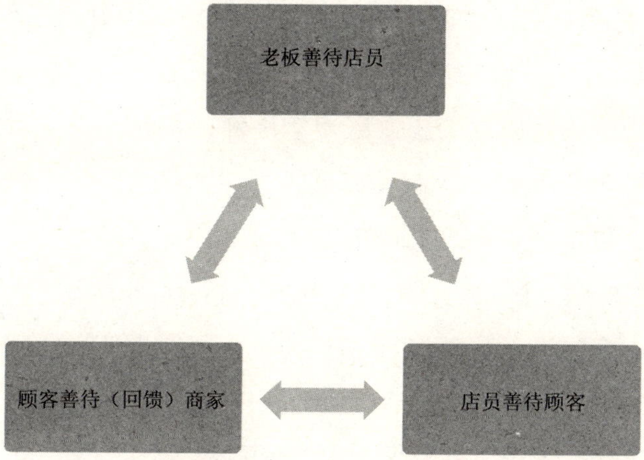

图 5.11　实体店的“善待链”

暖心周到的服务细节

2015 年黄金周，日本成了中国游客出境游的最大目的地之一，出行人数比往年同期翻了一番。

东京机场入境口岸，排满了等待入关的中国游客。从东京机场到东京街头，以及各大商场，无不挤满了中国游客，他们的主题是“买买买”，据说日语里还专门针对中国游客的这种行为创造了一个新词——爆买，有些聪明的商家还打出了“庆祝中国国庆节快乐”的中文标语。

国内有人在微博上发了一组中国游客在日本各大商场抢购的图片，且配有这样的文字：“新宿已拿下！秋叶原已拿下！涩谷已拿下！池袋已拿下…… 11 区基本已被我方人员团控制！”

这组图文被不少网站以“中国旅游购物者全面‘攻陷’日本”为标题争相转载。

普通游客的选择具有趋利性，出去游玩图的最主要就是一个舒心，相对于国内游、香港游，为什么会有越来越多的游客选择境外游？其中固然有购物的因素在内，其实核心还在于哪里服务好，他们就去哪里，哪里让他们舒服、让他们身心愉悦，他们就去哪里。

相对于国内不时出现的旅游区宰客事件，相对于香港对内地游客的排斥，日本的旅游环境确实有其打动游客的独到之处，尤其是他们提供的极致服务，更是击中了国内游客的核心痛点。

日本商家的服务极致到什么程度呢？我们可以来见识一下。

日本的很多经营场所都是要脱鞋的，比如料理店、酒店，包括一些商场的试衣间。顾客脱掉鞋之后，服务人员第一个动作就是要把鞋整理好，顺着顾客走出的方向放置好，以方便顾客。

在下雨天，带伞的顾客进店后，服务人员会马上接过雨伞，将雨水擦干净，放在门口，方便顾客离开时取回。

在国内各种消费场所，顾客喊破嗓子，一再呼喊服务员，人家还不见得会搭理你。在日本商家，只要遇到顾客询问，不管服务人员在做什么，都要立马停下来，解答顾客的问题。

遇到顾客投诉，服务人员不会有任何推脱，没有任何不快，没有任何扯皮，也不管是不是他们的问题，都会代表整个团队致以诚恳的歉意。

在一些餐饮、旅店，营业期间服务人员禁止扫地、清洁，以防灰尘影响到顾客。在这些场所，绝对看不到国内一些餐馆中常见的清洁人员拿着拖把走来走去的情景。

这些看似苛刻的服务细节，在日本都是一些约定俗成的基本服务规范。

在国内的商场、书店、娱乐场所，经常会传来“谁家的孩子在服务台，走丢了，请某某家长速来认领”之类的广播。但在东京迪斯尼乐园，你却从来听不到这样的广播。不是那里没有小孩儿走失，而是因为他们认为播放令人焦虑的寻人广告会影响游客的心情。

东京迪斯尼面乐园对走丢的小孩儿，是怎么做的呢？

工作人员会蹲下来，掏出糖果，先哄孩子停止哭闹。然后询问他们的姓名、从哪里来、在哪里跟亲人走失的。如果小孩儿年龄小描述不清的话，他们会将孩子带进迪斯尼乐园的托儿所，拿出一摞卡片，上面有爷爷奶奶爸爸妈妈形象的图片，让孩子辨认是跟谁来的。接着用同样的卡片，让孩子指出亲人的衣着特征。这样，一个个细节敲定之后，很容易就能找到孩子的家长了。

而当家长忧心忡忡地赶来时，孩子可能正在开心地吃糖果，玩儿玩具。

这就是日本迪斯尼乐园的服务，令人动容！

总有人抱怨经济形势不好，抱怨生意难做。事实上，相对于提供极致的产品，提供让用户尖叫的开创性产品，服务领域的商机更多。

可以放眼看一下四周，看看那些让人恨之入骨的低劣服务，几乎到处都是，特别是在一些二线、三线城市、内陆、小地方，商家更是没有什么服务意识，更别去提那些想方设法欺诈蒙骗顾客的行为了。

别人做不到，你能提供，这就是商机！

前几日下雨，车身很脏，在路边找了一家洗车行洗车，10 元钱，不贵。洗得干净吗，一般。我当时问老板：“为什么不洗得用心一些，干净一些呢？哪怕收费高一些。”

老板说：“别提了，10 块钱人家都嫌贵。”

我说：“高架桥那边有一家，洗车 30 元，生意好得离谱儿。”

他说：“怎么会？我看他们早晚会倒闭，你不知道现在洗车竞争有多激烈，附近开了一家又一家。而且，本地人收入低，都抠得要命，哪舍得花那么多钱去洗车。”

我没有再继续往下说，因为他根本就没有服务的意识，也不知道车主的痛点是什么，究竟想要什么。那家收费30元的洗车行为什么生意好，因为提供了极致的服务，他们擦车用心到什么程度？对不同的区域、部位，采用不同的毛巾，而且会把旮旯儿都给擦得干干净净，甚至对于座位缝隙里经常有零食碎屑，他们都会用吸尘器给吸出来。

你有没有服务意识，有没有真正用心，顾客绝对能够感觉到。

很多时候，顾客在意的并不是价格，而是价值，是用心的服务和消费体验。

关注“顾客表情指数”

去商场消费时，我们都有过这样的体验：在付款后走出商场的时刻，如果购买的商品很超值，自己很喜欢，性价比非常高，价格又在自己的承受范围之内，内心通常表现得很激动、很期待。

相反，如果商品本身没有太多打动自己的亮点，是在犹豫不决的情况下做出的购买决定，或者是价位明显超出了自己的承受范围，那么在这个环节，则会表现得有些肉疼、有些烦躁、有些后悔。

对于这种现象，“名创优品”创始人叶国富发明了一个新词——顾客表情指数。

叶国富经常在旗下实体店观察顾客的购买行为，根据长期观察，他总结出这样一条结论——顾客付款之后到走出店门那几步的面部表情，暗藏玄机，如果他们一边翻腾购物袋里面的商品，一边面露喜色，说明他们对这次购物比较满意，说明商家的商业模式可行，能够打动消费者。相反，如果顾客在这几步的行走中，面无表情，或面露难色，则说明他们对这次购物经历不够满意，有所怀疑。

在叶国富看来，经营实体店其实并不需要什么高深的理论，最本质之处在于能够洞察顾客心理，并设法满足他们，“商业成败的核心，就是在收银台到门口这五步距离，消费者脸上的表情，顾客挑选商品伸手的那一刻，就决定了一个企业的生死。”

顾客表情指数本质上反映的是顾客期望值的问题，如果商家能够满足甚至超出他们的心理预期，则顾客表情是欢心愉悦的。反之，如果顾客的心理预期得不到满足，这种表情就会充满烦躁、焦虑。

美国质量大师约瑟夫 · 朱兰在告别美国质量学会的演说中指出，20 世纪是生产率的世纪，21 世纪是质量的世纪，质量是和平占领市场最有效的武器。

质量管理界提出了质量管理的八大原则，其中首要原则就是“以顾客为关注焦点”，关注顾客的首要任务是满足顾客的需求或期望，这些需求或期望构成了顾客对质量的要求。

实体店提供的商品、服务质量会直接影响顾客满意度，影响顾客表情指数。

商品、服务质量与顾客满意度是一对不可分割的孪生体，都是对顾客所需要的客观产品[1]或服务的一种“质”的度量。通常来说，商品、服务的质量越高，顾客需求被满足的程度也就越高，顾客满意度就越高。反过来说，商品、服务质量越差，顾客的满意度也会越低。由此可见，商品、服务的质量与顾客满意度呈正相关性。

但商品、服务质量和顾客满意度之间并非一直呈现简单的线性关系，这里有一个反映质量和顾客满意度关系的模型（见图 5.12）。

1 为了便于理解，这里所指的“产品”并非 ISO9000 标准所定义的产品，仅指一般意义上的有形产品。

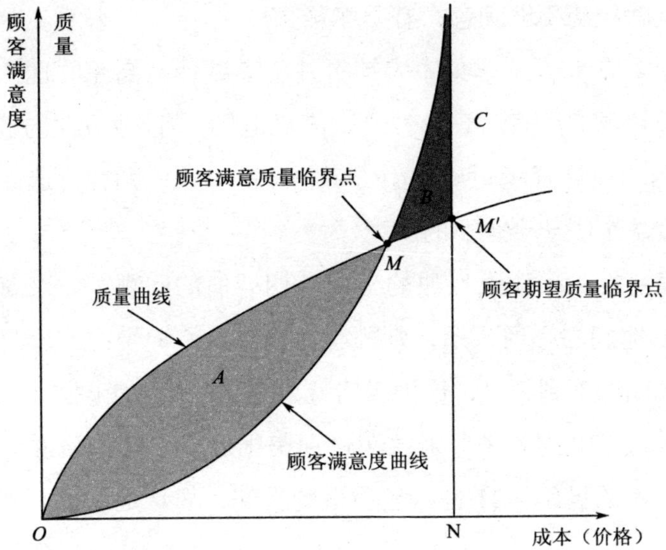

图 5.12　商品、服务质量与顾客满意度的关系

这个模型有助于实体店经营者更好地洞察如何才能更好地使顾客更满意，如何提升顾客的表情指数。

基于顾客表情指数的期望值提升解决方案，叶国富提出了一个“四好理论”(见图 5.13)。“好的线下实体店往往具备产品好、价格好、环境好、服务好这 4 个特点，比如“海底捞”、“外婆家”，都开在黄金旺铺，装修有情调，服务到位，菜品精致，还是大众价格。如果一家餐厅做到一流的环境、一流的服务、一流的产品和五流的价格，门口没有不排队的。我去“外婆家”吃饭，三菜一汤，40 几块钱搞定，那么好的环境、那么好的服务，过去哪儿敢想？”

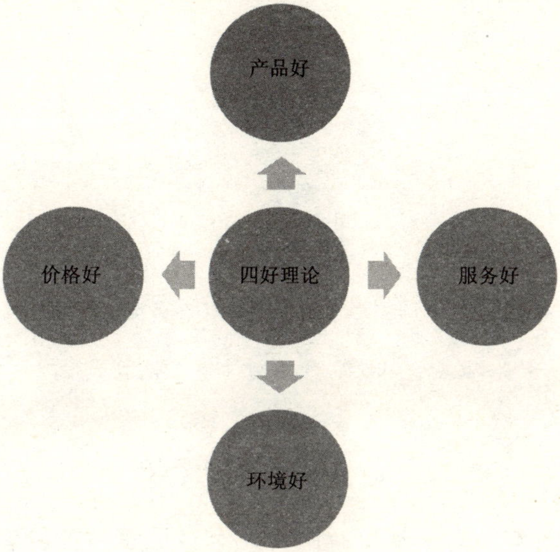

图 5.13　提升顾客期望值的“四好理论”

◇ 零售已从交易时代进入关系时代

零售的“交易时代”与“关系时代”

在过去，消费者和商家之间是一种非常松散的关系，大多数情况下，消费者从商家那里完成一次消费，基本上也就意味着店（铺）（顾）客关系的结束。

这是典型的零售“交易时代”。

我们知道，实体店经营是一个没有终点的航程，商家将产品、服务成功地推销给顾客，其实并不意味着交易关系的结束，而是下一次交易的开始。

从另外一个角度讲，交易包括三个层次的含义（见图 5.14）。

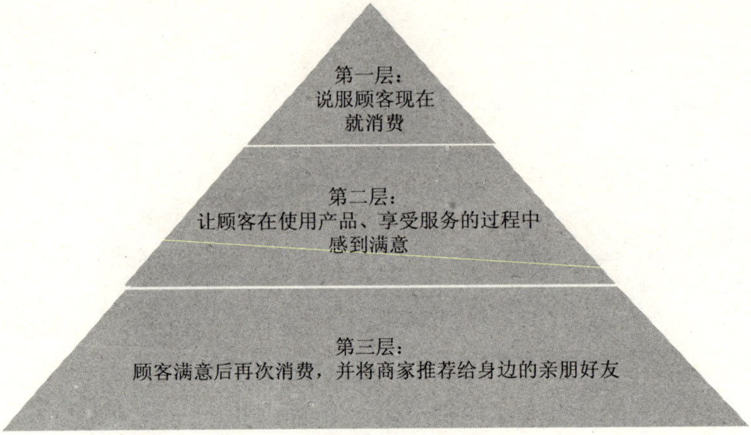

图 5.14　交易的三个层次

对于任何商家而言，都只有两种顾客：消费过的顾客和没有消费过的顾客。

不断地吸引新的顾客前来消费固然重要，但是如何留住那些已经消费过的顾客，和他们建立关系，让他们持续来消费也显得日益重要。

尤其是在今天，随着获取新客户的成本越来越高，维护现有顾客的忠诚度就变得十分必要。

如今，线下实体商业已经逐渐从“交易时代”发展到“关系时代”。

消费者在消费的同时，商家有必要借助各种渠道和平台来与消费者建立一种长期、忠诚的关系。

目前各大电商巨头，都在紧锣密鼓地布局线下实体店，将消费者吸引到店内，给他们创造独特的体验，通过与消费者的互动，建立起信任持久的关系。

对实体店经营者而言，互联网的无边界和高度透明化颠覆了商家与消费者的地位，消费者拥有广泛的信息来源和至高无上的选择权，这决定了商家必须以用户需求为导向，以用户体验为核心，重建商家与用户之间的供需关系，做好顾客关系维护与管理。将给消费者创造更大的价值、带来极致的产品和服务、带来极致的消费体验作为实体店经营的出发点和归宿，实现顾客关系由“弱关系”向“强关系”的转化（见图 5.15）。

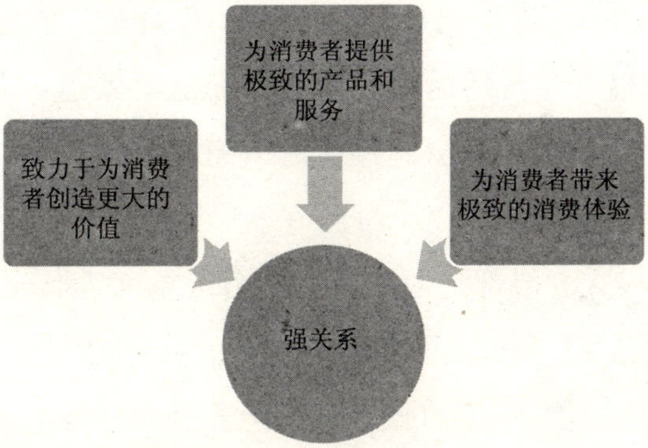

图 5.15　顾客关系的“强化”

经营顾客关系，做好关系营销

客户关系管理（Customer Relationship Management，CRM）起源于 20 世纪 90 年代早期，它脱胎于西方的市场营销理论，最早由美国 Gartner Group[1] 在 1997 年正式提出，在 1999 年被传入中国。

客户关系管理（CRM）有三种类型（见图 5.16）。

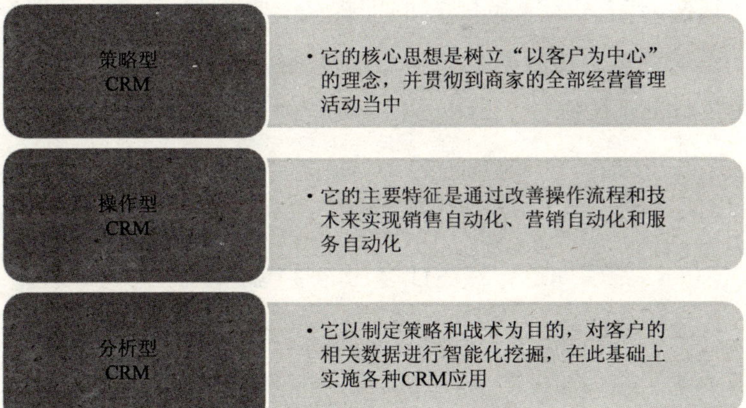

图 5.16　客户关系管理的三种类型

1 Gartner Group 公司成立于 1979 年，是第一家专注于信息技术研究和分析的公司。

此处，我们重点谈一下分析型客户关系管理。

分析型 CRM 的主要内涵是通过分析顾客行为，制定相应的经营策略，以合适的价格、在合适的时间、通过合适的渠道、为合适的顾客提供合适的产品或服务，从而提升顾客的满意度和忠诚度，为商家创造更多的利润。

传统的营销模式一般都是以产品、服务为导向，而分析型 CRM 则是以顾客为导向（见图 5.17），通过深入分析挖掘顾客行为、了解顾客需求，为顾客提供他们需要的产品和服务，从而实现以产品、服务为主导向以顾客为中心的转变。

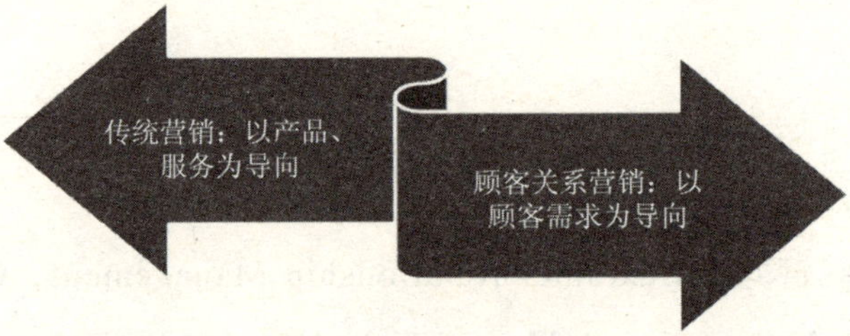

图 5.17 传统营销和顾客关系营销的区别

第一，进行顾客细分。

实体店经营者深入了解顾客的前提是，要对顾客进行合理地归类，具体从可消费额和忠诚度两个维度对顾客进行划分（见图 5.18）。

对于不同类别的顾客，应该采取不同的管理应对措施（见图 5.19）。

第二，基于顾客分析的营销活动，构建“强链接”。

联邦快递的创始人弗雷德·史密斯有一句名言，“要想称霸市场，首先要让客户的心跟着你走，然后让客户的腰包跟着你走。”

如何打动顾客的心？

要基于他们的心理和需求，提供差异化产品、差异化服务。

“孩子王”是母婴用品连锁品牌，截至 2015 年底，在全国 60 多个城市内拥有 130 家实体门店，拥有活跃家庭会员 500 万户，“孩子王”接近

98% 的销售收入都来自于会员。[1]

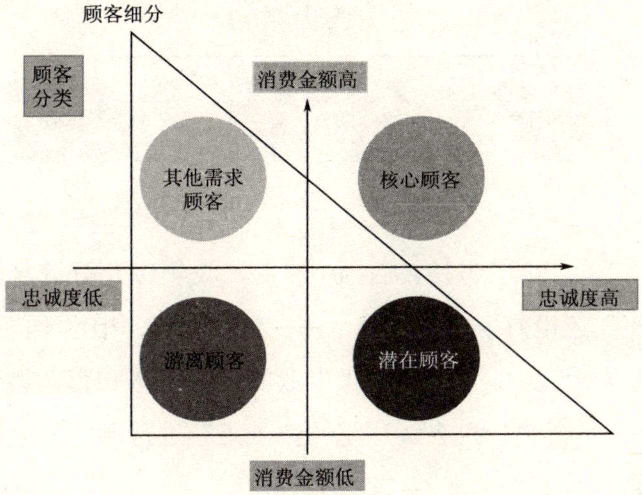

图 5.18 顾客分类

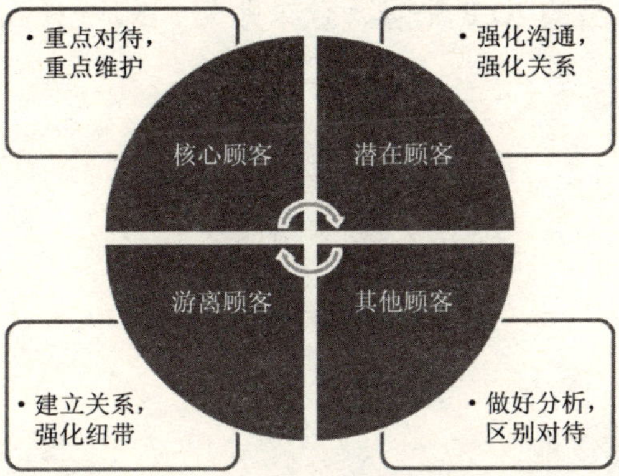

图 5.19 不同类型顾客的维护策略

完善的顾客关系管理，是“孩子王”经营策略的核心所在，帮助“孩子王”构建了实体店和会员的“强关系”，甚至于“孩子王”的总部组织架构也完全围绕服务顾客而设立（见图 5.20）。

1《孩子王模式的核心是顾客关系管理 98% 的销售来自会员》，载于《第三只眼看零售》，2016 年 6 月 3 日。

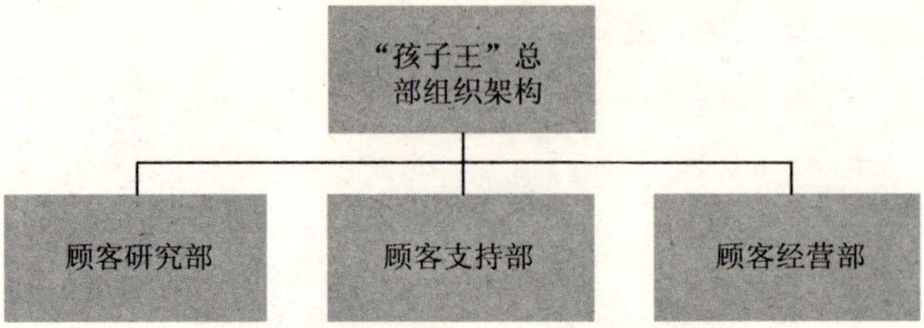

图 5.20 “孩子王”总部组织架构

在线下门店，除了店长、后勤、客服、收银以及分管品类的主管之外，“孩子王”还设有一个关键职位——育儿顾问，相当于门店的销售人员，只不过更专业，能为顾客提供专业的销售服务和育儿咨询，容易获得顾客信任，赢得销售机会。这是“孩子王”进行顾客关系管理的重要一环。

对于顾客关系的经营，“孩子王”借助一款“人客合一”的 APP，每个店员都有自己的 APP 账号，登录账号，即可看到以下信息（见图 5.21）。

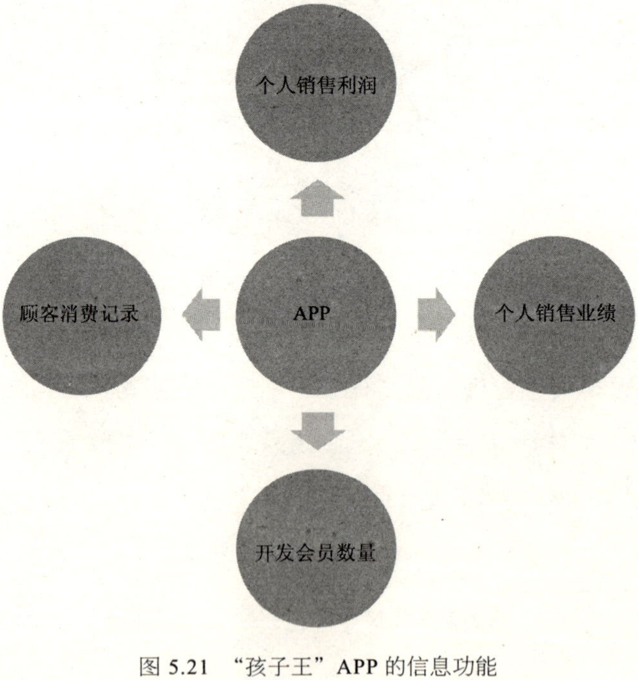

图 5.21 “孩子王”APP 的信息功能

基于这些信息，店员就可以进行有针对性的销售说服，比如，如果某个顾客长期未来消费，就可以通过 APP 给顾客发送一个优惠券，诱导其消费。

“孩子王”强化顾客关系、进行关系营销的另一大策略是密集的活动。据了解，“孩子王”每家线下门店平均每天都要举办至少三场活动，一是为了销售产品，二是为了吸引新会员的加入。

活动即营销，营销带来利润，这便是“孩子王”以“顾客关系管理”为核心的赢利模式。

未来实体店没有粉丝迟早会消亡

粉丝即英文 fans 的音译，粉丝经济，泛指架构在粉丝和被关注者关系之上的经营性创收行为，被关注者多为明星、偶像和行业名人等。

如今，粉丝经济的适用范围已经大大扩展，网红、自媒体、商家、企业甚至个人都可以拥有自己的粉丝，围绕粉丝的创收行为，都可以视为粉丝经济。

知名自媒体人罗振宇称，“未来的商业，我们有一个大胆的猜想，在未来几年我们不妨共同地小心去求证，这也是 2013 年我听到的最好的商业格言：未来的品牌没有粉丝迟早会死。工业时代，你只需要有顾客和用户即可，而未来时代没有你的社群，没有你的粉丝，你就是死。”[1]

不少实体店经营者都存在这样的困惑：为什么店铺刚开业的时候，顾客很多，过了开业期，顾客就越来越少了呢？

为什么顾客川流不息，但都是“铁打的营盘流水的兵”，却始终没有真正忠诚于自己的客群？

管理学大师彼得 · 德鲁克曾说：“衡量一个企业是否兴旺发达，只要

1 罗振宇在“2013 第三届中国汽车意见领袖论坛”上的演讲观点。

回头看看其身后的顾客队伍有多长就一清二楚了。”

线下实体店要想把生意做大做好，无非就是两件事情：稳住原有的老顾客；不断地把新顾客变成老顾客。

如何做到这两点？

需要具备“粉丝和互粉精神”，传统实体店经营者的商业思维往往是“单机版”，很少考虑顾客需要什么样的产品和服务，更多的是站在自己的立场给顾客推销商品和服务。

在互联网时代，线下实体店也需要粉丝，需要将顾客尤其是忠实顾客变为粉丝，要具备粉丝经济的思维，懂得迎合和取悦粉丝，懂得跟粉丝互动，这样粉丝就愿意跟着你，而且越炒粉丝越多。

粉丝和互粉精神的本质，在于更强调对粉丝（对顾客）的迎合和互动，在互动的过程中进行品牌的广而告之，根据粉丝的个性化需求，做好产品、服务的延伸扩展，满足粉丝需求，让顾客感觉开心和满足，顾客和店铺之间互相欣赏，彼此喜欢，把“弱关系”变成“强关系”，打造持续发酵的口碑效应。

这正是一个粉丝营销的完美闭环（见图 5.22）。

图 5.22　粉丝营销示意

社交时代，粉丝已经从“被动接受者”转变为掌握传播主导权的“主动参与者”，他们不但是市场消费的主体，同时也是引领市场潮流的意见领袖。

在此背景下，商家应通过发掘粉丝潜能、重新定义与消费者的关系模式，打造粉丝经济生态链。

在粉丝营销上，“名创优品”的做法值得借鉴。早在 2015 年上半年，“名创优品”的官方微信公众号，就吸附了超过 800 万名的粉丝。

早在开通公众号之初，“名创优品”给其的定位是只做消费者朋友的社交媒介平台。在这个平台上，“名创优品”从粉丝需求入手，去充分挖掘他们的兴趣点，分析他们的注意力，深入研究他们的语言风格，结合时下热点打造话题内容，来和粉丝做深度互动。在微信公众平台上，“名创优品”提供更多的是服务和体验，而不是一味地推送广告宣传信息，主要通过热门有趣话题的互动，带来活跃的流量，形成口碑传播，在更广泛的范围内实现话题发酵。

在这个过程中，粉丝就渐渐产生了品牌黏性。

第6章 店商武器之“孔雀翎”

打好技术牌：与时俱进，背后包抄

不怕竞争，就怕不公平竞争。不了解互联网时，心里打鼓。但等到熟悉了、会用了，线下企业反而欢迎竞争。现在的主要矛盾不是竞争，而是线上和线下在某种程度上处于不公平竞争，这就不利于线下零售业的平稳转型。

——李燕川，北京超市发连锁超市公司总裁

◇ 智能改造：将实体店改造成“数字店铺”

利用物联网技术提升门店体验

物联网最早叫“传感网”，1999 年在美国被提出，它是指通过射频识别（RFID）、红外感应器、全球定位系统、激光扫描器等信息传感设备，按约定的协议，把任何物品与互联网相连接，实现信息交换和通信，做到智能化识别、定位、跟踪、监控和管理的一种网络概念（见图 6.1）。

物联网，简单来说就是物物相连的互联网，它包含两层含义（见图 6.2）。

人们可以将物联网视为互联网的拓展与应用，这种应用以增强用户体验为核心。

物联网技术的发展，使线下实体商业有机会做到实时跟踪存货和顾客的特性，改善用户体验，提高运营效率，从而强化竞争优势。

“当你推着满满一车东西走出超市大门，不会再看到收银员，因为通过收银系统时，射频识别（RFID）读取器在瞬间识别出所有商品的数量和价格，银行转账系统据此从你的账户上划走了相应的金额。这将让你免除排长队的困扰，节约大量时间。”这是山东省标准化研究院物流与自动识别技术实验室副主任苏冠群对物联网技术在零售业运用的场景展望。[1]

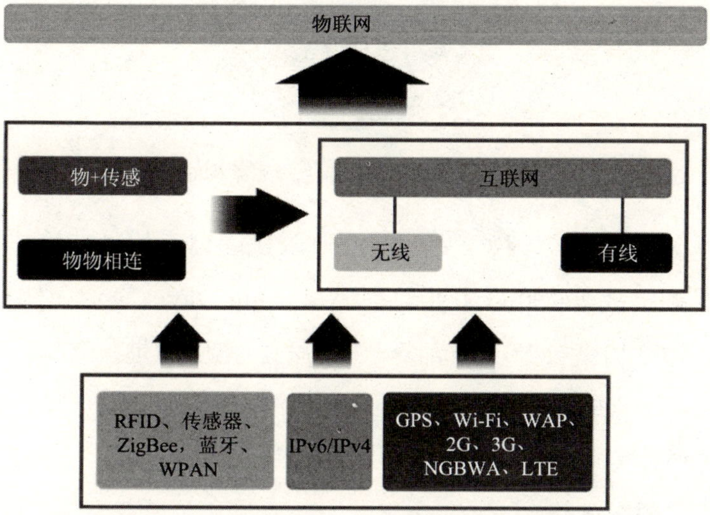

图 6.1 物联网示意

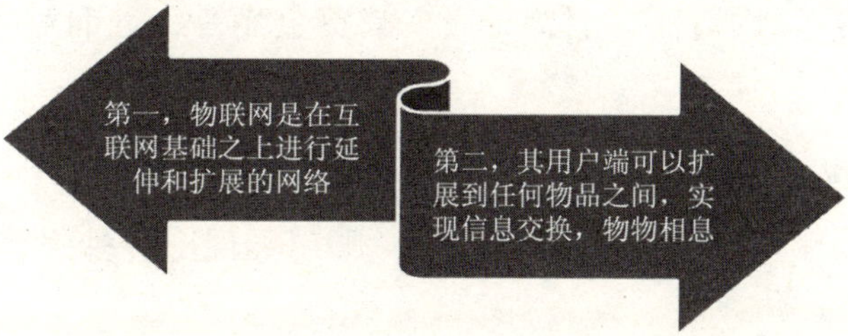

图 6.2 物联网的两层含义

物联网技术在实体商业的运用架构可分为四个层次（见图 6.3）。

先由设备层负责收集信息，通过网络层将信息传输至云端层，云端层将信息进行汇总分析，得出精确结论，并借以执行改善措施，最后由应用层负责落实。

1 鲁企抢跑“万亿”物联网. 中国企业新闻网，2010 年 3 月 12 日。

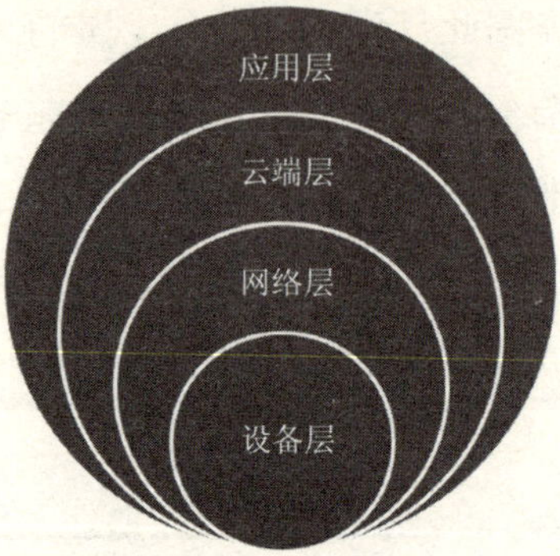

图 6.3 物联网 + 实体商业运用架构的层次

借助物联网技术，线下实体商业可以找回自己的独特价值，英特尔公司高级副总裁兼物联网事业部总经理 Doug Davis 表示："用不了多长时间，实体零售就会像电子商务一样便利。不同的是，实体店可以提供个性化、沉浸式的购物体验——而这是在线平台所不能比拟的。"

物联网对实体商业的提升主要体现在以下几个方面。

1. 优化顾客体验

首先，商家通过扫描商品的 RFID 标签，可以了解到很多关于消费者的商业信息：购物习惯、消费时段、消费金额等，进而对顾客进行一对一的针对性服务。

其次，智能设备的使用，让顾客体验得到进一步提升。比如服装店智能穿衣镜，顾客无须来回试穿衣服，即可展现出各种服装搭配的效果，体验更魔幻。

最后，实体店可以通过智能互动数据，来调整店内设施布局，优化顾客体验。比如，德国奢侈男装品牌 HUGO BOSS（雨果 · 博斯）就已尝试在其服装店里安装热传感器来追踪客户的走动，以此帮助店长将其高端商品摆放在客流密集的区域，方便顾客更容易找到。

2. 提高运营效率

通过智能云端信息的共享，零售商的仓储部门可以在第一时间获知商店货架的“空架”情况，提醒店员及时补货。

智能支付扫码技术，可以提高收银效率，减少收银员的人力成本支出。

3. 降低运营成本

除了能够有效地降低人力成本外，基于物联网的传感器能够让店铺相关人员实时监控照明和温度控制，随时进行调整设置，一来可以提高客户的舒适度，二来也可以更加有效地利用能源，降低开支。

4. 止损防盗

通过智能传感器，能够及时感知店内的温度变化和盗窃等情况。据此，就可以有效地降低店内生鲜商品由于温度不正常而带来的损耗，在第一时间获知盗窃信息，更有效地进行止损防盗。

利用互联网技术提升门店体验

互联网技术最重要的两个特征是连接和交互，就是以顾客为中心，连接顾客，与顾客进行交互。

由于互联网技术的发展，顾客的消费习惯和反馈更容易掌握。如今，实体店借助互联网技术，可以将顾客连接和交互做得更充分，将顾客体验做得更惊艳。

“不怕竞争，就怕不公平竞争。”北京超市发连锁超市公司总裁李燕川说，“不了解互联网时，心里打鼓。但等到熟悉了、会用了，线下企业反而欢迎竞争。现在的主要矛盾不是竞争，而是线上和线下在某种程度上处于不公平竞争，这就不利于线下零售业的平稳转型。”[1]

在很多实体店经营者看来，有必要学习利用互联网等新技术，来实现经营方式的跨越。而一旦掌握了互联网技术，线下商家将在消费体验、

1 龚雯、杜海涛、王珂、林丽鹂，《实体店还有未来吗？》人民网，2015 年 7 月 13 日。

价格、售后服务等方面展现优势，完全有能力与电商相抗衡。

事实上，互联网技术正在深入渗透和应用于线下实体店的各个角落，大数据、Wi-Fi、电子标签、智能货架、自动收银、自动打包、移动互联、线上 APP 等技术正在推动线下实体商业的技术革新。

未来，实体店的终极模式，就是要借助互联网、移动互联网技术，将之逐渐升级成集“实体 + 智能”于一体的“数字店铺”，最终实现线上线下的全渠道 O2O 商业模式。

比如，在店面的适当位置，添加可以无缝链接物联网的数字货架、智能电视、数字橱窗，用于点击即可播放产品、服务使用示范和品牌宣传，并借助免费 Wi-Fi 和会员接入等，通过移动手机客户端 APP、网店、微店，以及微信、陌陌等社交媒体平台，实现线上线下对顾客全天候“随时、随地、随心”的无缝链接，实现实体店的“六化”（见图 6.4）。

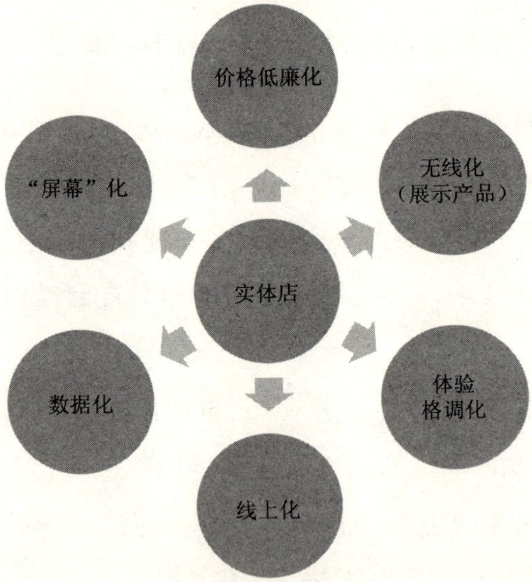

图 6.4　实体店互联网的“六化”

除此之外，还有一些新技术会深刻影响到实体店的未来（见图 6.5）。

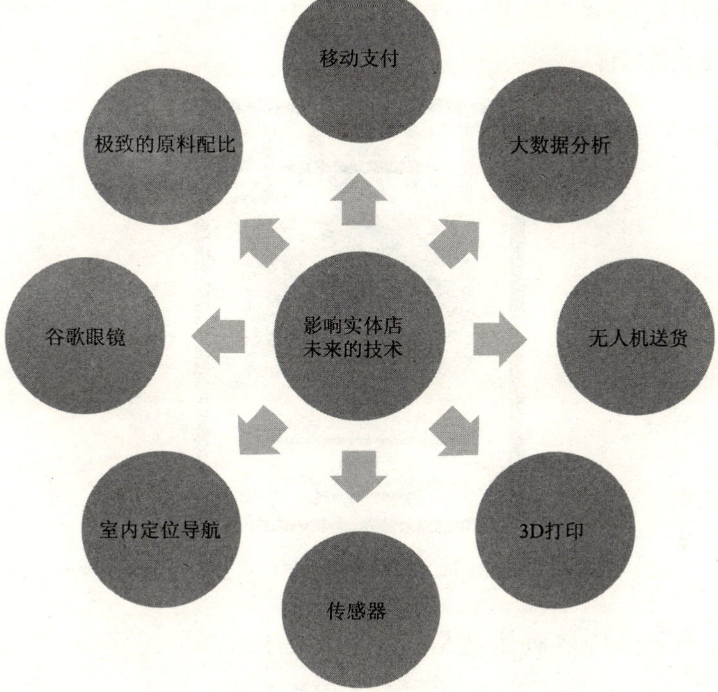

图 6.5　影响实体店未来的八大新技术

自媒体思维：建立互联网自媒体平台

2006 年年底，美国《时代》周刊年度人物评选封面上，并没有任何实际的名人，也没有人物照片，杂志封面上放置了一个大大的“You”和一台 PC（见图 6.6）。

《时代》周刊对此的解读是社会正从机构向个人过渡，个人正在成为“新数字时代民主社会”的公民。2006 年年度风云人物就是“你”，即互联网上内容的使用者和创造者。

互联网时代，个体从“旁观者”转变成为“当事人”，每个人都可以拥有一份个人的“网络报纸”（博客）、“网络广播”或“网络电视”（播客）。

“媒体”仿佛一夜之间变得不再高大上，不再遥不可及，而是成了人人可以触及的传播载体。

图 6.6　2006 年《时代》周刊年度风云人物封面

这种个人的传播载体就是自媒体，是指私人化、平民化、普泛化、自主化的传播者，借助现代化、电子化的手段，向不特定的大多数或者特定的单个人传递规范性及非规范性信息的新媒体的总称。

自媒体的特征如图 6.7 所示。

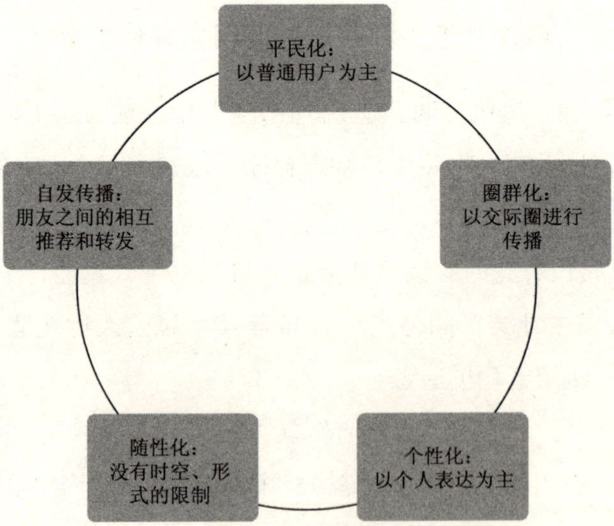

图 6.7　自媒体的特征

常见的自媒体平台包括博客、微博、微信、QQ 空间、百度官方贴吧、论坛 /BBS 等网络社区、今日头条自媒体平台等。

实体店要想成功实现“数字店铺”的营销推广，需要建立自己的自媒体平台，选择一种或几种最适合自身的社交媒体和社交平台，组合成一个互联网自媒体推广、宣传平台，实现对商圈和顾客的低成本精准营销、大范围拓客和集客及互动式会员管理。

“黄太吉”是北京一家经营煎饼果子、油条、豆腐脑儿等传统美食的特色餐饮小吃店，于 2012 年 7 月份开业。其创始人赫畅是互联网出身，曾任职百度、去哪儿、谷歌等知名互联网企业，凭借其互联网思维，硬是将普通的煎饼果子做出了国际范儿，致力于用新思维、新模式，打造新式中国快餐。

开业之初，“黄太吉”便开通了新浪微博，运营自媒体，确立了社会化的营销思路，宣传渠道主要集中在微博上。一时间，“黄太吉”老板开奔驰送煎饼、美女老板送餐、煎饼相对论等话题迅速成为微博上“吃货们”口口相传的话题。

“很多顾客都是看到微博上的分享慕名而来的。”在赫畅看来，“没有微博，我们这样的店是开不起来的。”

赫畅甚至认为：“善于利用微博，将是每一个要做店、做餐饮，中小商户的老板必须掌握的东西。你不懂微博或者不会利用的话，坦白说，可能是你做事做了 100%，成功的可能性只有 30%。”[1]

除了微博，“黄太吉”还借助了包括大众点评、微信、QQ、陌陌等在内的社会化自媒体平台，用来推广、推送信息甚至于订餐。

我们看到，现在有很多实体店都开通了微信公众平台等自媒体，不过自媒体平台搭建容易，想要运营好自媒体不是一件简单的事儿，需要做到以下几点。

---

1 李莫：《黄太吉卖到四千万的煎饼微博营销》。

第一，首先确定用户是谁。

实体店做自媒体，首先要了解并确定自己的用户范围，然后围绕这个群体，去做针对性的内容推送，去做宣传，去传播活动内容。

第二，要重视粉丝互动。

商家和粉丝的互动不可或缺，通过互动，一方面帮助粉丝解决问题，解决疑惑，另一方面又增加了用户黏性。

要保持长期互动，自媒体的内容就必须有特色，否则将很难长期吸引用户。

第三，做好用户细节体验。

用户体验都体现在细节里，比如欢迎语，比如文章的版面设计，图片如何插入，是否方便用户阅读、查看等，都会影响到用户体验。

第四，追求人性化。

世界上没有完美的东西，况且每个顾客的审美标准是不一样的，因此不存在满足所有用户的完美内容。但是，我们可以做到人性化，设身处地为用户着想，放低姿态，让用户感觉到被尊重。

第五，自媒体的本质是建立渠道。

做好自媒体，需要耐心去做数据的挖掘，包括一些用户标签、一些分类的标签，需要定期去做一些回复和维护。其实自媒体最本质的就是建立与用户沟通的一个渠道，维护与用户之间的“强关系”。

◇ 利用互联网营销手段，衔接消费者

跨界营销，360 度包围消费者

所谓跨界营销，就是商家利用各自品牌的特点和优势，将自身核心

元素提炼出来，与合作“伙伴”的品牌核心元素进行契合，从多个侧面诠释一种更好的用户体验。

在传统工业营销时代，商家提供产品和服务来满足顾客的要求，顾客也清楚自己需要什么产品。在信息营销时代，主要解决信息不对称的问题，让顾客发现商家的产品和服务，从而达成交易。

到了移动互联网营销时代，商家要从顾客需求出发，创造出能够更好地满足顾客需求的产品和服务，移动互联网时代的营销就是让顾客体验并喜欢上我们的产品和服务。

跨界营销，一切以顾客需求和体验为中心，旨在提供让顾客尖叫的消费体验过程。

1. 跨界营销的基本原则

实体店实施跨界营销，需遵循以下原则（见图 6.8）。

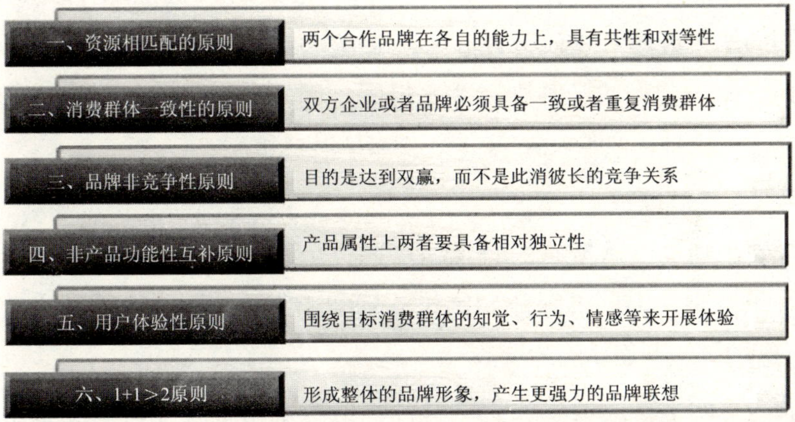

图 6.8　跨界营销的六条基本原则

2. 跨界营销的几种类型

根据实体店经营的具体情况，下面有针对性地介绍几种跨界营销的形式。

第一，产品（服务）跨界。

实体店营销的基础是产品（服务），没有产品（有形产品和无形服务）

的营销无异于无源之水、无本之木。实体店由于较少接触生产制造环节，其产品跨界多表现在捆绑销售上（见图 6.9），这种捆绑的前提是关联产品的目标顾客群体要具有一致性，如此才能给顾客带来便捷，提升顾客体验。

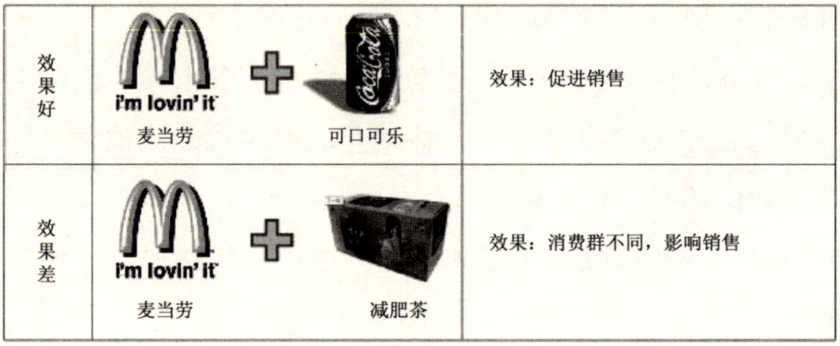

图 6.9 麦当劳的产品跨界营销

在图 6.9 中，麦当劳和可口可乐的捆绑跨界营销，效果比较好，因为它们的消费群体一致，二者合一，能够给顾客带来更丰富的消费体验。相对地，麦当劳和减肥茶则有些不搭界，因为二者的消费群体不具有密切相关性，这种产品捆绑跨界效果就不是很理想。

第二，价格跨界。

商家在制定价格策略的时候，可通过免费的模式吸引顾客，待顾客进入营销范围之内，再向他们销售高利润的产品、服务，这是价格跨界的典型做法。

举一个例子，汽车保养店一般都会做洗车服务，单纯的洗车服务通常都是不赚钱的，最多是微利。这就是商家的精明之处，他们做洗车服务的目的本就不是为了赚钱，而是为了吸引客流，增加顾客黏性，增加顾客对周边高价值产品、服务的消费，这才是汽车保养店的利润大头儿所在。

第三，促销跨界。

当线下实体店的客流量越来越少的时候，商家想尽各种办法主动出击寻找客户资源。在这种情况下，如果能够追踪到顾客的生活习惯和消费地图，那么商家就可以去寻找顾客消费地图上的那些商家，进行联合促销。

比如，某家高级餐厅的目标顾客是高端客户，那么，高端客户的日常消费行为都有哪些呢？他们会去豪华汽车 4S 店做保养，去美容店做 SPA，去高级会所聚会，去健身会所健身，去高端商场购物，等等。只要整合顾客行走地图上的商家资源，就能够联合促销，快速找到顾客并且降低营销推广的费用。

全渠道全触点营销模式

如果顾客打算前往某家实体店购买商品，但商店不营业。在这种情况下，顾客会做出什么反应呢？

我们看一下埃森哲咨询公司的研究数据（见图 6.10）。

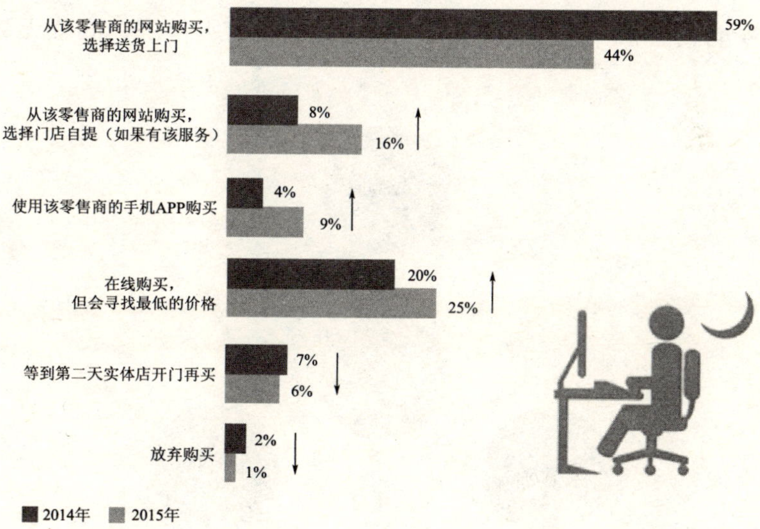

图 6.10　商店有你期待的商品，但不营业，你有什么期待

从图中可以看出，只有 6% 的顾客愿意等到第二天店铺营业。

有 53% 的中国顾客期望能从该商家的网站或手机 APP 购买，这个比例远高于 43% 的世界平均水平。

与往年相比，接受“线上购买送货上门”网上购物的消费者比例从 59% 下滑至 44%。

倾向于“在手机 APP 或网上购买后去实体店自提”的消费者比例则增加了一倍。

有 25% 的对价格敏感的消费者会因为商家不营业而放弃购买，转而在网上寻找最低价格。

这些数据的启发意义在于，互联网时代的消费者面对近乎无限的选择，变得越来越没有耐心，他们不愿意等待，希望能够即时购买，即时得到自己渴望的商品、服务。商家如果无法满足他们的这种需求，消费者就会转而寻找下一家。

实体店经营生态系统上的任一触点出现空白，或体验出现偏差，都有可能导致顾客的流失。

如今消费者被“大中小”三屏（见图 6.11）所包围，面临无数的消费触点。

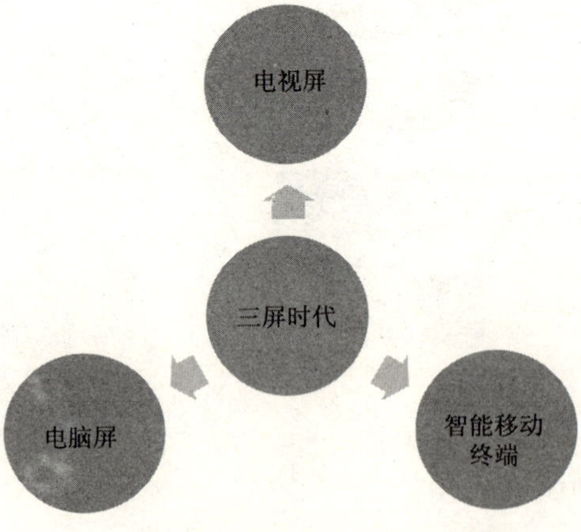

图 6.11　三屏时代

其中，电视屏针对的是传统营销模式下的消费者，电脑屏则对应着

PC 互联网时代的消费者，而智能移动终端（手机、平板电脑、智能手表、智能眼镜）裹挟着前两者，催生的是移动互联网环境下的消费新生代。

而当互联网用户、智能终端用户、信用卡及其他电子支付工具用户、便捷物流配送用户交叉覆盖达到一定的量值时，新的全渠道全触点营销模式就会出现（见图 6.12）。

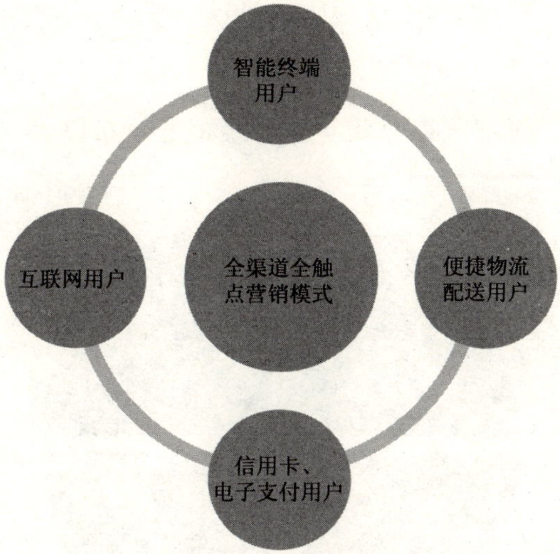

图 6.12　全渠道全触点模式的用户交叉

在这种背景下，要留住消费者，商家需要在每个节点周密考量可能发生的所有消费场景，借助全渠道全触点的营销模式，用 360 度的无缝体验去包围消费者，满足他们不间断的消费需求，通过即时、动态、开放、连续的多渠道途径帮助顾客实现无障碍消费。

全渠道全触点营销模式是基于人与人、人与物、人与媒体高度互联的环境下，消费者的决策路径已发生质的改变，线下线上也不再是独立、分行的渠道，而是这种情境下的一种以消费者为全程关注点的营销渗透模式。

在全渠道模式下，消费者对商家、品牌、产品、服务、价格、口碑等信息的获取，在不同的地点，可以自由地采取线上、线下“并存和双跳”的方式，打破现有线下实体店、线上网店的单向单选的局面。

除了全渠道，全触点同样重要。

所谓“触点”，是消费者与商家发生联系过程中的一切沟通与互动的点，包括人与人的互动点，人与物理环境的互动点等。

触点之所以重要，是因为消费者是基于他们在各个触点上的累积体验而形成对商家的一个总体认知。这种认知会直接影响消费者对商家形象的判定，影响其后续消费行为。

消费者触点的循环周期分为 4 个阶段（见图 6.13）。

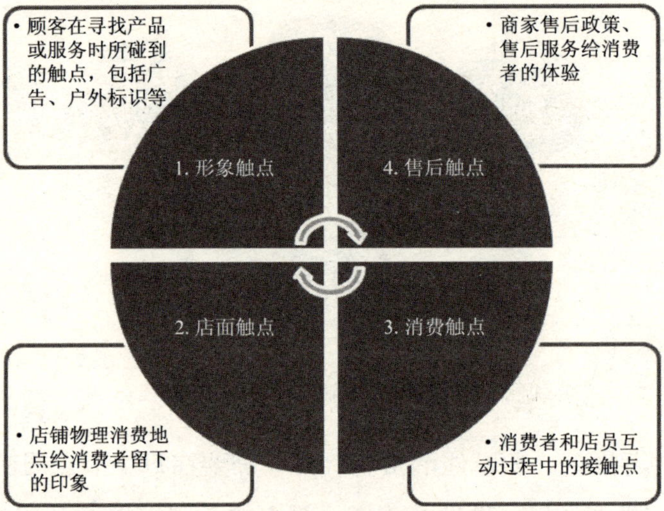

图 6.13　消费者触点的 4 个阶段

针对以上 4 个接触阶段，商家应找出足够多的触点，把控好细节，完善每一个触点的顾客体验，提升顾客满意度。

微时代：微博、微信、微营销

微营销即借助一切微元素工具（微博、微信等）来实现营销目的。

相对于传统营销，微营销有其独特优势（见图 6.14），更适合线下中小型商家。

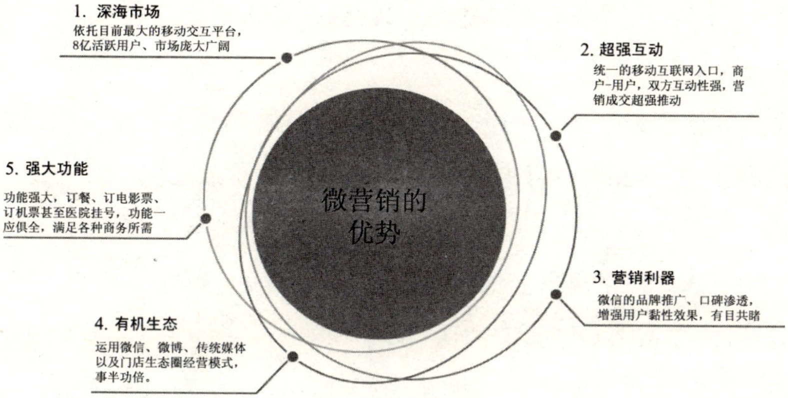

图 6.14　微营销的优势

1. 微博营销

微博营销是指通过微博平台为商家创造价值而实施的一种营销方式，这种营销方式注重价值的传递、内容的互动、系统的布局、准确的定位。微博营销涉及的范围包括认证、有效粉丝、话题、名博、开放平台、整体运营等，具有操作简便、成本低、传播面广等优点（见图 6.15）。

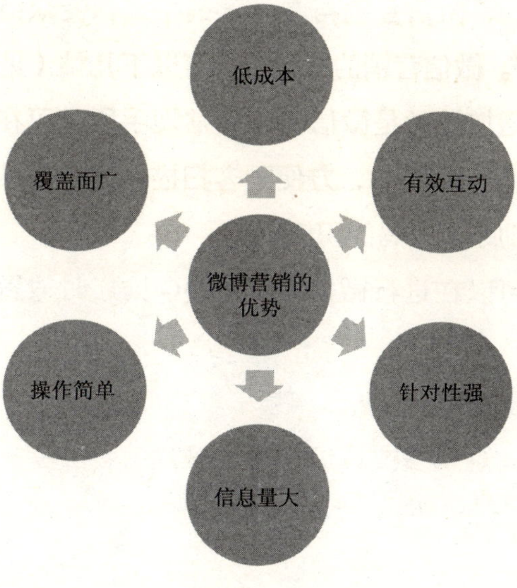

图 6.15　微博营销的优势

"21cake"是一家连锁蛋糕品牌，线上线下均有布局，善做微博营销。

曾经有顾客在微博上这样抱怨"21cake"：本来要求写一个"寿"字，结果被误写成了"受"字。[1]

这条负面的抱怨微博在短短一个小时内就被转发上千次。意识到自身的失误后，"21cake"立即联系到抱怨的顾客，予以赔偿，并在微博上公开道歉。

道歉微博引起了更广泛的围观、讨论和转发，曝光量达 2 亿次以上，"21cake"的姿态得到了大家的认可。

经过积极运作，原本的微博负面新闻，竟成了商家宣传展示品牌形象的一次良机。

其中固然有"21cake"商家的积极应对，但也离不开微博营销的积极发酵。

微博营销尤其适用于线下各类餐饮店，通过微博，餐饮店大有可为（见图 6.16）。

2. 微信营销

同样是微营销，微信营销与微博营销相比，受众更加精准，内容能做到"有的放矢"。微信营销的工具主要有以下几种（见图 6.17）。

借助二维码增加粉丝是微信营销的常规手段，可在产品包装、收银台、店内设施上贴上二维码，方便顾客扫描。扫描二维码需附带一些优惠折扣信息，调动顾客扫码的积极性。

同时，商家可以在进行微博推广、QQ 推广时放置二维码，增加入口，逐步积累用户。

第二，注意推送信息的质量和频率。

过于频繁的信息推送或垃圾信息的推送，都会引起用户反感，容易被拉黑或屏蔽。因此，推送的内容要尽量简短、实用，贴合用户群实际

1 张思施，《最适合微博营销的 5 大行业》，商界招商网，2013 年 8 月 8 日。

需求。

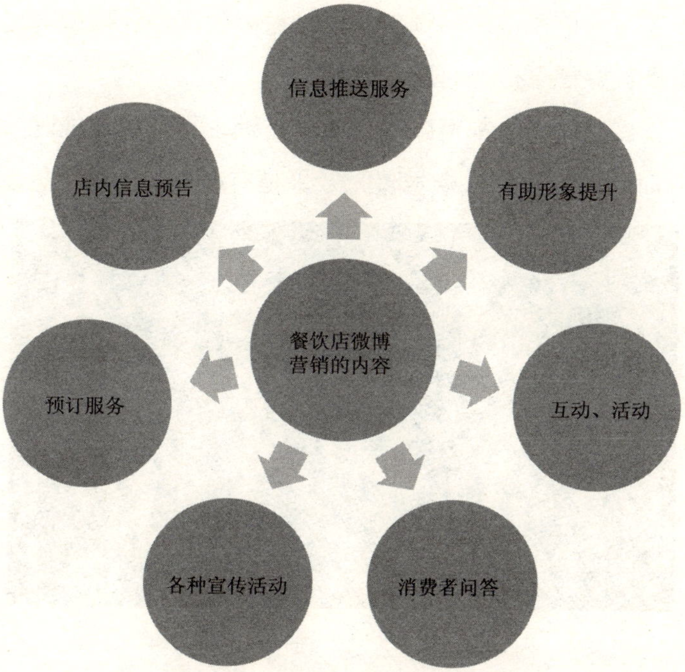

图 6.16 餐饮店微博营销覆盖的内容

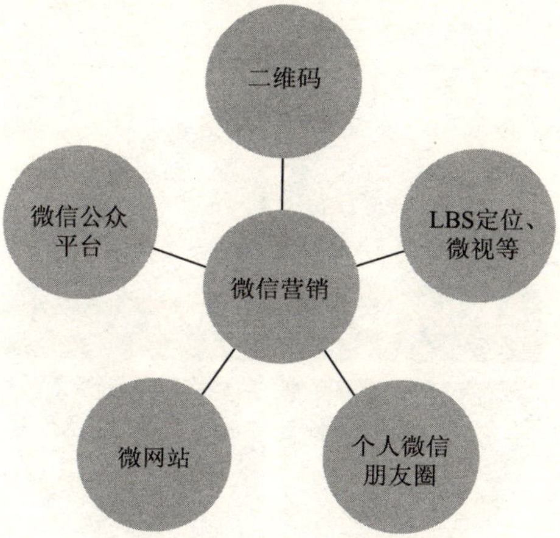

图 6.17 微信营销工具

微信营销的操作手法主要有以下几种。

第一，通过二维码吸粉。

第二，要注意信息推送的频次，可以每天分享，但数量不宜太多。

第三，把握好信息推送时段。

理论上讲，商家随时都可以通过微信营销工具向用户推送信息。但事实上，每个时间段的微信公众号曝光效果是有高低起伏的（见图 6.18）。

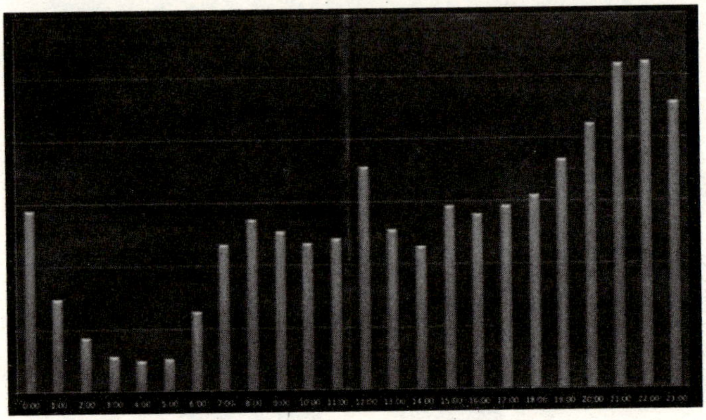

图 6.18　微信公众号各时段内容阅读量

从统计图来看，就一天而言，微信公众平台的内容有 4 个时间点值得注意（见图 6.19）。

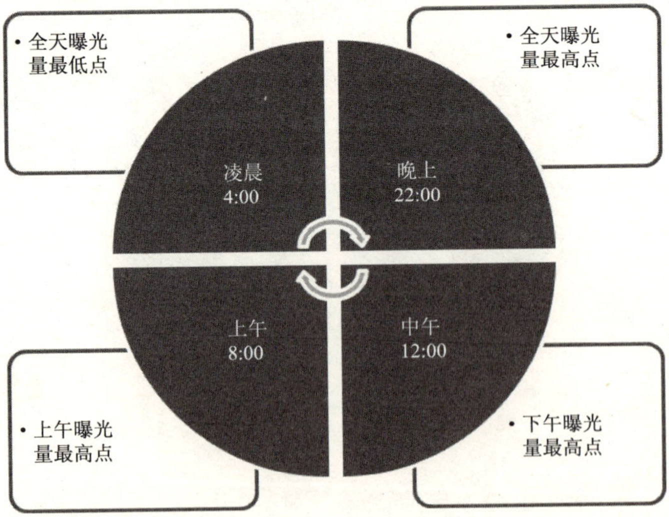

图 6.19　微信公众平台信息曝光的 4 个关键时间点

在内容推送上，商家可以规避以上曝光量较低的时间点，选择曝光效果好的时间点，能收到事半功倍之效。

第四，提高用户黏性。

提高用户黏性不是一件简单的事儿，除了最基本的产品的吸引力以及服务态度外，还要让用户明白，通过微信渠道消费能够享有特殊优惠或特殊礼品，还可以搞一些小活动。

提高用户黏性，离不开优质的产品和服务，离不开售后追踪，及时解决顾客的问题和抱怨，改进服务措施。

实施微信营销，要避免强迫或者用奖品作为引诱，去绑架、迫使用户做转发，而应让用户自愿分享信息，因为依靠口碑宣传和日积月累的效果才更稳固。

第7章

店商武器之“撒手锏”

打好匠心牌：匠心注入，供奉一生

你必须爱你的工作，你必须和你的工作坠入爱河……即使到了我这个年纪，工作也还没有达到完美的程度……我会继续攀爬，试图爬到顶峰，但没有人知道顶峰在哪里。

——小野二郎，日本“寿司之神”

◇ 工匠精神：追求极致，精益求精

追求极致、精益求精的工匠精神

2016 年 3 月 5 日，李克强总理在第十二届全国人民代表大会第四次会议上作政府工作报告时提到："要鼓励企业开展个性化定制、柔性化生产，培育精益求精的工匠精神。"

这是"工匠精神"首次出现在政府的工作报告中。

为什么总理要如此郑重地倡导工匠精神？

答案很简单，因为中国企业和商家缺乏工匠精神，据有关数据统计，截至 2012 年，寿命超过 200 年的企业，日本有 3 146 家，居全球首位，德国有 837 家，荷兰有 222 家，法国有 196 家。它们长寿的秘诀就在于秉承着更严谨的"工匠精神"治理企业。反观中国，百年企业都为数甚少。

我们还注意到，在中国电子商务持续升温的当下，日本的实体店不仅没有降温，还愈发表现出其价值感和生命力。

这种现象的背后，究竟是什么在支撑？

日本实体业给人最深的印象就是专注。一家小小的寿司店可以经营 150 年，甚至 250 年，这在日本很常见。

日本的店铺经营者以传承和精益求精为傲，在他们心目中没有做大生意和小生意的区分，他们能在持续不断的专注中获得满足感，所以心平气和。开店不是多多益善，而是要好到让自己满意。支撑他们的是工匠精神和匠心意识。

什么是工匠精神？

工匠精神是一种时代的精神，是一种令人肃然起敬的气质，是一种值得永远传承的文化符号，它包括以下五个方面（见图 7.1）。

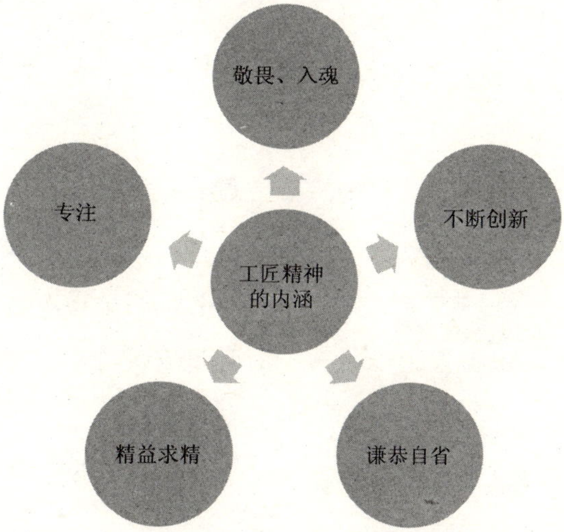

图 7.1　工匠精神的内涵

第一，专注。

每一个工匠背后都有一个属于自己的故事，每一个故事中都有着一种相同的执着，这种执着叫作专注。

瑞士是世界钟表之都，斯沃琪、劳力士等钟表品牌享誉世界。在任意一家瑞士的普通钟表作坊，人们能发现，入眼的不是无所事事的工人，耳畔也没有机器的隆隆轰鸣，简易的作坊中，有的只是一个又一个戴着眼镜，专心致志对钟表零件进行打磨的学徒和老师傅。

一块瑞士手工钟表，内部零件有一万多个，这一万多个零件，每一个都需要精心打磨，在制作过程中，不允许一丝误差的出现，一旦出现，必须销毁。

正是凭着这份执着与专注，虽然瑞士钟表每年的产量都差强人意，但依旧“火”遍了全球。

瑞士的钟表匠，每一个都默默无闻，是和我们一样的普通人，但由于态度不一样，因为心中有着一颗匠心，他们平凡的人生也绽放出了伟大的华彩，那些行销世界的瑞士钟表，本身就是他们专注的注脚。

第二，精益求精。

《论语·学而》有云：“《诗》云：‘如切如磋，如琢如磨’，其斯之谓与？”

宋朝著名思想家、哲学家朱熹批注说：“言治骨角者，既切之而复磋之；治玉石者，既琢之而复磨之，治之已精，而益求其精也。”

当今世界，将精益求精精神诠释得最彻底的是日本。

在日本，匠人和职人是一种尊称，若非在整个行业中出类拔萃的人，是没有资格得到匠人这个称呼的。

日本的匠人有许多，“寿司之神”小野二郎，“经营之圣”稻盛和夫都是其中之一。

小野二郎做寿司，不是单纯的做，而是把寿司当成了一件艺术品在不断地雕琢，在繁简之间，追求一种极致的升华。在他的眼中，从来没有最好的寿司，只有更好的寿司。

追求精益求精，坚持并专注于自己的事业，或许短期之内并不能给我们带来最大的利益，但“风物长宜放眼量”，每一个人，每一个商家，活在当下，为的都不是缅怀过去，而是让未来的“今天”过得更好。

第三，谦恭自省。

每一个匠人都是单纯的，因为将所有的心思都放在了对产品的雕琢上，所以，他们或许并不擅长交际，或许在其他很多方面都表现得比较木讷，但每一个工匠却都是谦恭的。

博多人形会馆是日本一家很不起眼儿的人形会馆，馆主宗田就是一个纯粹的匠人。曾经，凭着精湛的技艺，他的作品得到过天皇的赏识，但对此，他却并不在意，反而反反复复地描述着他为许多普通民众、为宗教活动制作神像的细节和趣事。

的确，面对竞争，有的时候，我们必须当仁不让，但山外有山、人口有人，当我们为一点儿成就沾沾自喜的时候，世界或许已经将我们抛弃。所以，人总是要保持一份谦恭，无论做过什么，就像所有的匠人那样。

第四，不断创新。

坚守工匠精神，并不代表着要因循守旧，事实上，工匠精神本身就是一种极致的创新精神。产品的每一次雕琢，每一次改变，每一次升华，都是一种创新。

近 400 年来，日本老牌的佐料生产商龟甲万公司一直都在专注地做酱油，但随着时代的变迁，人们生活习惯、品味的改变，龟甲万酱油也在不断地进行着改变，与时俱进。

“防松螺母之父”若林克彦几十年如一日，一直都在对螺母进行研究，从 1961 年的初代“U 螺母”，到现在占领了一多半国际市场的“Hard Lock 螺母”，哈德洛克工业株式会社的螺母经历了数次更新换代，而每一次更新，都意味着防松螺母的一次蜕变与成长。

正是因为三十年如一日的不断创新，不断精益求精，专注如一，一以贯之，所以，哈德洛克防松螺母才成就了螺母界无法复制的奇迹。

第五，敬畏、入魂。

在匠人的眼中，产品不是死的，而是活的，是有灵气、有生命、有魂魄的。

川崎是日本的一位锻刀师，在他看来，日本刀都是有灵魂的，所以，每次锻刀，虽然身处近乎完全封闭的锻造室，尽管身边烈焰熊熊、高温难耐，但他依旧保持着衣衫整洁，态度也异常严肃端正。在他眼中，锻造就是一种修行，锻造中不入魂、缺失敬畏之心，本就是对自己的一种亵渎。

工匠精神是一种令人肃然起敬的气质，是一种“一丝不苟、精益求精、一以贯之”的精神，是用生命中全部的精力和心意去专注做一件事，追求完美与极致的一种坚守。

不同的态度铸就不同的人生，用匠人的眼光看待经营，和用商人的眼光看店铺经营，看到的会是两种截然不同的风景。像个工匠一般，为了做好而做好，和像个商人一样，为了收入而做生意，其状态和人生成就自然迥异。

匠人有匠心，匠心铸匠人，工匠精神本就应该是所有实体店经营者应该秉承的气质与器量。

实体店的工匠精神之产品过硬

一个女白领，月薪 4 000 元，她甘愿贷款买一辆小奔驰，月供 3 000 元，剩下 1 000 元吃饭。一个每天挤公交和地铁上班的女孩儿，宁愿每天吃方便面，也要从牙缝里挤出上万元，买一个 LV 的包儿。

这些女孩儿身上，当然有非理性的成分，有虚荣心在作祟。我们换一个角度看，这些价格昂贵的极致产品，也确实满足了顾客的虚荣心，给她们带去了难以估量的满足感。

就像德鲁克所说的，“顾客购买的不是商品，而是商品所带给他们的满足感，商品只是满足的一个载体”。

极致的产品会让消费者的满足感无限放大，哪怕价格昂贵，人们仍然在所不惜，仍然会趋之若鹜。

叶剑英元帅有个小孙女名叫叶明子，是一名高级时装设计师，毕业于英国著名的圣马丁学院针织专业。

名门之后加上高级设计师的头衔，让叶明子有着常人所不具备的先天优势，她也很懂得利用这种优势来打造自己的事业。叶明子在北京建外 SOHO 开了一家名为“Studio Regal”的定制服装店，Regal 象征着“高雅、经典、独特”，生意非常火爆。

叶明子提供了让顾客膜拜的产品，她对产品的要求几乎是尽善尽美，每一名顾客都是朋友私下介绍的。她会将每一名顾客视为贵宾，接到订单后，并不急于为他们量身打造服饰，而是先花大量的时间跟顾客进行沟通，待彼此相当熟悉之后，再开始根据对方的气质、习性进行服装设计。

据悉，每一块布料从选线到花色叶明子都要亲自做，有时为了找到最合适的纽扣儿，她还会专门跑到香港去淘货。每个季度，叶明子设计的服装都不会超过 30 套，每件衣服的质量要求都近乎苛刻，精益求精，为顾客带去了无与伦比的消费体验。

“鼎泰丰”是台湾的餐饮品牌，“鼎泰丰”的小笼包价格高昂，一屉小份儿的小笼包有五个，其中蟹黄的售价 88 元，而一份儿松露的售价高达 168 元。

“鼎泰丰”台中一家店曾在一天内接待了超过 3 000 名食客，翻台率最高纪录是 19 次。对比国内生意最火爆的餐饮店，“海底捞”生意最好的时候能够翻台 7 次，“快火锅”呷哺呷哺翻台次数最多能达到 8 次以上。

“鼎泰丰”做的小笼包被称为“全球第一包”，被美国《纽约时报》评选为全球十大餐馆之一。

如今，在台湾的各种旅行套餐中，“鼎泰丰”已经成了一个不可绕过的景点，就连著名影星汤姆·克鲁斯都专门跑到“鼎泰丰”学习如何制作小笼包。

原本是中国江南地区传统美食的小笼包，何以名扬天下？

最核心的秘诀是产品过硬。

“鼎泰丰”小笼包制作过程的每一个环节都充满了匠心（见表 7.1）。

表 7.1 “鼎泰丰”的产品制作标准

原料标准	1. 面粉，一直由固定供应商提供，价格比市面上的普通面粉高出许多
	2. 做蛋炒饭用的米，都是经过特别挑选，是来自东北的精米。“鼎泰丰”内部还专门设置了一个职位负责挑米，一粒一粒挑拣，所有的残米都要挑出来
	3. 猪肉。是专门指定商户养殖的指定品种，采购的必须是活猪。这意味着，鼎泰丰还要专门配置一些屠宰、分切岗位
	4. 蟹粉。店内最受欢迎的蟹黄小笼包里面的蟹粉也不是现成的，而是采购阳澄湖的大闸蟹回来后，有专人去负责摘出蟹黄
温度标准	“鼎泰丰”的每样餐点都有标准化作业程序（Standard Operation Procedure，SOP），且每个环节都规定了标准“温度”，比如元盅鸡汤和酸辣汤的最佳温度是 85℃，才不至于烫嘴，肉粽则必须提高到 90℃，确保猪肉块儿熟透
重量标准	主打产品小笼包制作标准极其严格，必须坚持“5g 的皮儿，16g 的馅儿，18 个褶儿，总重量要达 21g，入蒸笼 4 分钟后才可上桌”的标准。每个包好的小笼包，重量只允许 0.2g 的差距，为了确保产品的标准化，包前的原材料和包完的成品都要测量

包个包子而已，有必要这么“较真儿”吗？

“鼎泰丰”接班人、董事长杨纪华的回答是，“只要是客人体验接触到的东西，我们都尽所能提供最好的，止于至善，就是这个意思。”[1]

止于至善！

这可谓是过硬产品的最佳诠释，也是产品主导型实体店应该奉行的一种工匠精神。

1 黄钱钱：《那家包子卖得比普通包子贵 30 倍，却火遍全球，凭啥》，载于《经理人》，2016 年 6 月 28 日。

实体店的工匠精神之为顾客着想

服务主导型实体店的匠心体现在用心上——一颗设身处地为顾客着想之心。

第一，站在顾客的立场去推销。

第二，服务恰到好处。

服务刚刚好，最好（见图 7.2）。

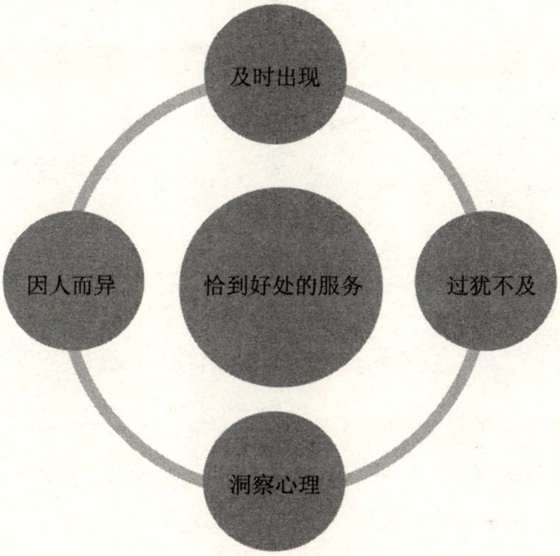

图 7.2　恰到好处的服务要点

在“鼎泰丰”，每个员工都要学会观察顾客的一举一动，据此猜测他们的想法，目的是做到“想在顾客之前”。比如，在“鼎泰丰”的新员工培训里，有一项“听筷子掉落”的特殊训练课程，服务员要学会根据声音辨别筷子掉落的方位，并且赶在顾客呼喊服务员之前的第一时间给客人送过去。

在“鼎泰丰”看来，这就是刚刚好的服务。所谓刚刚好，是一种恰到好处的优雅与热情，没有殷切过头，没有为了服务顾客而绞尽脑汁，有的是及时送达顾客所需、令顾客欣喜的独特体验。

第三，暖心的细节服务。

有一次，去“海澜之家”专卖店，店里一个年轻的促销员一直跟随着介绍、推销，态度非常热情，有求必应。架不住她的热情，我就随意试穿了一款她推荐的上衣。

感觉一般，没有想买的冲动。

“衣服还可以，我再看看吧。”说完，脱下衣服递给了她。

谁知这小姑娘，竟脸色突变，之前的笑容可掬瞬间被满脸的冰霜所取代，还把脸扭向一边，我甚至能感觉到她神态中透露出的一丝鄙夷。她嘴上虽然没说什么，但是前后态度判若两人，真是一个变脸高手。

心里虽然有一丝不爽，但还不至于跟她计较。

让我惊诧的是，这都什么年代了，在电商步步紧逼的时代，竟然还是这种服务态度?

在日本，顾客选购期间，售货员都会很耐心、细致地关照每次试衣，并做适当介绍，推荐颜色款式搭配，给出个人建议。如果顾客没选购到合适的款式，店员会深深鞠躬说：“非常抱歉！您在这里没有挑选到适合您的东西，欢迎下次再来。”甚至店员还会推荐区域内同品牌店铺，并会拿地址与图册给顾客参考。

这就是日本实体商业的尺度，这个尺度唯一的标准是人——通过暖心的服务细节，表达对人的尊重与关注。

与我们的服务水准相比，看似只不过是细节上的细微差异，其实是鸿沟之别。

做“小而美”：未来商业，因小而美

小而美，顾名思义，指的是小而精致，规模不一定很大，渠道不一定很广，产品数量不一定很多，但却都是精品，都投注了经营者所有的热情，以匠人之心追求一种极致（见图 7.3）。

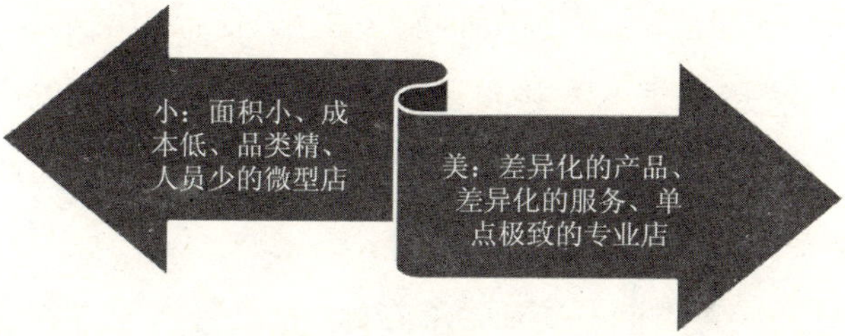

图 7.3 小而美的内涵

我们看到，具有工匠心态的实体店经营者正在将自己的小店打造成路边的专业店，做最专业的烘焙店、零食店、水果店、化妆品店、母婴店、咖啡馆，等等，用专业化、精细化、差异化和便捷性更好地迎合了新的消费需求。

小而美的实体店满足以下特征（见图 7.4）。

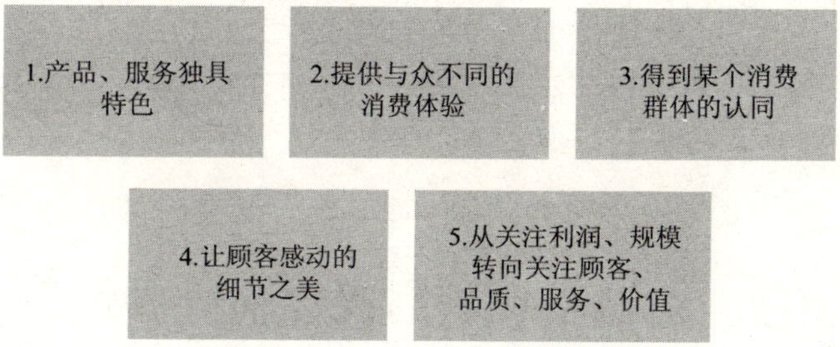

图 7.4 小而美的实体店的特征

小而美，对应的是大而全，他们往往能在很小的细分市场内将产品和服务做到极致。从更广义的范围来看，“小而美”就是那些规模不大但却有着独特价值的实体店。

举一个最简单的例子，你可能只有一家占地 $10m^2$ 的蛋糕店，你的服务半径也许只有 2km 的范围，但是你烤出的蛋糕味道异常鲜美，顾客都对之念念不忘，每天的产品都供不应求，那么你的生意就是当之无愧的“小而美”。

要达到“小而美”的标准，需要具备以下两个条件。

第一，“小”是指那些“功效独特”、能够轻松聚焦到某个“特定消费群体”的商品或服务。“小”并非是指商品的大小和价格的高低，只需针对特定的消费群体，而不必针对大众市场做全面推广，因此，它们付出的营销和销售费用相对是较少的。

第二，必须是“美”的，否则“小而美”也就没有了存在的意义。“美”指的是卓越、极致的功效，相对于“小”而言，“美”讲的是一种深度，即你对顾客及其需求理解得越深入，你的商品和服务也就越“美”。

根据这个标准，“小而美”就是那些功效独特、极致，具有明确的细分消费群体的商品和服务。

“小而美”对线下实体店转型具有重要而深远的意义。

做小、做专、做美，比做大、做强更容易，但从某种程度上讲，做到“小而美”，也不是一件简单的事儿，它需要付出一颗“追求极致的专注、常年如一日的坚守”的工匠之心，需要耐得住寂寞、经得住诱惑。

◇ 匠人做派：商品拜物教时代，何处安放匠心

寿司之神：最怕“用心”二字

在日语中，“匠”称为“Takumi”，意指耗费大量时间、精力、资金，以极致的工艺打造器物。从江户时代以来，历经几百年的锤炼，“匠人精神”已然成为日本制造业走向繁荣的重要支撑，是日本商业精神的象征。

匠人做事务必“用心”，用心做产品，用心服务顾客。

正如寿司之神小野二郎曾经说过的那样：任何事情，都怕“用心”，只要“用心”，就没有做不好的事业。

日本线下实体商家在服务上的用心，几乎到了无微不至的程度。

顾客在商店买好东西，收银员在小票上盖好章后，会仔细用吸油纸按在上面，吸走油墨，防止其他物品被染色。

在餐厅就餐，营业区里的服务员一直在忙，却也能随时看到餐巾纸只剩半盒并及时塞满，并保持整整齐齐。

日本搬家服务人员非常贴心，在搬运客人的物品前，他们会提前把大楼里的走廊通道，以及电梯内都装上保护塑料板，来防止刮伤物品，而且还会在楼道处写上“工作中给您造成的不便，请多见谅”。

在超市，具有坡度的货架可以自动补货。在商场，分别准备擦拭雨具与身体的毛巾，都在默默中传达着对顾客的尊重与体贴，也在昭示着商家的用心。

很多到日本考察过的商家，回国后也纷纷效仿增设了儿童手推车、急救药箱、手机加油站、宠物看管等服务设施。

不过是仅限于硬件设施上的改变，而非从内心感受出发，从细节上以顾客需求为视角的关注却还远远不够，因为顾客感受不到他们的真心和用心。

日本商家的真心和用心，有些人或许会感到不解。心想在当今一日千里的互联网时代，我们哪有那么多时间、那么多精力去长年累月重复做一件事儿，哪有那么多心思去精心打磨一些细节。

这种思维方式让我们不能专心一处，我们迷茫，我们浮躁，没有耐心，不去用心，心总悬着，最终却竹篮打水一场空，一事无成。

伟大在于能够长时间忍受平淡枯燥的工作，艰巨的事业和任务则来源于漫长时间的坚持与积淀。

“你必须爱你的工作，你必须和你的工作坠入爱河……即使到了我这个年纪，工作也还没有达到完美的程度……我会继续攀爬，试图爬到顶峰，但没有人知道顶峰在哪里。”日本“寿司之神”小野二郎曾经这样说。

今年 91 岁的小野二郎，一生绝大多数的时间几乎都在用心做寿司，对寿司，他已经熟悉到了骨子里，什么样的寿司选用什么样的原料，什么样的温度、湿度下用什么材料，什么火候儿做出的寿司才最好吃，等等，这些都已经成为他的一种本能。但在小野二郎看来，他要走的路还很长，“道”还在前方，等着他去探索。

这就是日本的匠人，他们将工作场所视为道场，精进技能，砥砺心性，探索人生，磨炼灵魂。

或许你无法言明初心，但整个世界都能看到你的用心。

百年泡菜店老板，为何拒绝让顾客买去送人？

具有匠心的商家，对自己提供的产品、服务，乃至对顾客，从来都是充满热爱的。

因为爱得太深，爱得太炽烈，所以，他们不容任何理由与行为对这份爱有所亵渎。

这无关乎金钱，是匠人对质量的坚守和对工作的执着。

在韩国，有很多老字号泡菜店老板，专心于泡菜的制作与传承，他们把持着泡菜的味道与品质，使其不断地延续、提升。

其中有一家经营历史已达百年的老泡菜店更是如此，这家泡菜店的名气很大，他们的泡菜品质独一无二，深受客人的喜欢。可是，这样一家店却有着自己独到的要求：不允许顾客买了泡菜去送人。

这是怎么回事呢?

有一天，一位老顾客来到店中，要求店主为自己包一些泡菜，非常得意地说：“我要将这些泡菜带给我的朋友，三天后他就可以吃到你家百年传承的正宗泡菜了。”

没想到，老板一听客人要在三天之后才能将泡菜送到朋友手中，却断然拒绝了把泡菜卖给他。客人非常不解，说：“难道你家的泡菜不能送人吗？"

店主却说："不是不能送人，而是不能三天之后再送，因为在你放置泡菜的这几天时间里，泡菜势必会产生变化，这会影响到它纯正的味道，如此也就不再是我们店里的泡菜了。你的朋友吃了，只会记住我们店变质泡菜的味道。这不但会有损泡菜自身的品质，也会影响我们泡菜店的声誉。这是我们所不能容忍的，所以，我宁肯不做这笔生意。"

这是一种对顾客认真负责的经营理念，也是对自己负责的匠心精神，为了追求产品品质而苛刻到去控制它的去向以及食用方法、食用时间。

商家的匠心主要体现在以下三个方面（见图 7.5）。

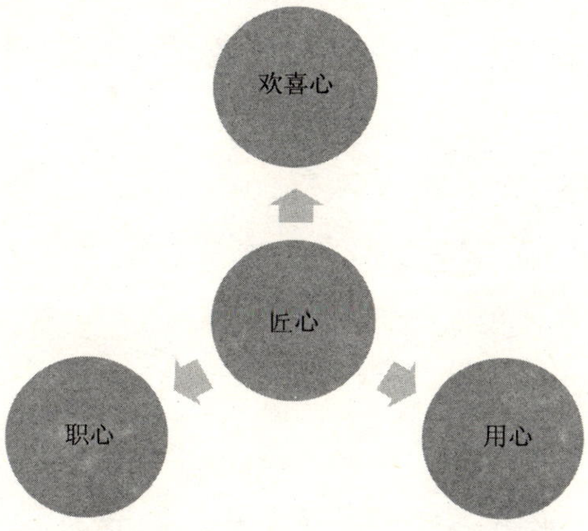

图 7.5　匠心的表现

第一，职心。是对自己的态度，脚踏实地、全神贯注、心存敬畏、对产品负责，将产品、服务质量视为生命。

第二，用心。是对服务对象，亦即顾客的态度。时刻站在顾客的角度，替顾客着想，永远把服务对象当作"最在乎的人"，这样才能做出最受顾客欢迎、市场认可度高的产品。

第三，欢喜心。是对产品的态度，倾注全部灵魂，用生命去热爱，才能做出真正有温度的产品。

何以掌握赖以安身立命的本领

国家缺乏百年老店，商家缺乏工匠精神，背后反映的其实是缺乏具备工匠精神的经营者和匠心意识的店员，他们的经营态度和服务态度多是诸如“大概”“可能”“差不多”“好像是”“或许吧”“我也不是很清楚”，等等，多是以“混”“糊弄”的心态在对待事业，对待顾客，缺乏最起码的责任心和敬业精神。

如此做派，必然会带来诸多恶果，尤其是商家竞争力不足，难以为市场和客户提供有竞争力的产品和服务，只会抱怨生意难做钱难挣。

而工匠精神提倡的是对待事业严谨、认真、一丝不苟，要耐得住寂寞，忍得住长时间的煎熬，专注于自己经营的领域，苦心钻研，精心打磨，不断完善、精进。

秋山利辉先生在27岁创办了“秋山木工”，是一家家具店，如今它已成长为日本最著名的家具品牌，日本宫内厅、迎宾馆、国会议事堂、知名大饭店等，都在使用他们制作的精良家具。

为了培养出理想的工匠，秋山利辉创办了一所秋山学校，学费全免，不过学制却长达8年。

学徒完成第一年的见习课程，方被录用为正式学徒，开始4年的基本训练，进行匠人必备知识的学习并做好工作规划。

4年后，极少数心性和技术俱佳者才能被认定为工匠。最后3年，他们一边以工匠的身份工作，一边继续学习。

学徒的八年寒窗，要随时接受“秋山木工”十条规则的约束和检视。

第一，不能进行完美自我介绍者不予录取。

学徒要通过不断练习，做到能够在一分钟之内将自己的姓名、出生地、毕业学校、家庭成员、毕业之后的自我期许、初衷和未来梦想介绍清楚。

第二，无论男女学徒，一律剃光头。

此举是为了让学徒下定决心，将所有精力投入到学习中，因为决心不足的人往往难以坚持到底。

第三，与外界只可书信联络，禁用手机。

通过锻炼书写和禁止使用电信产品，来磨炼学徒的意志。

第四，每年只能在八月盂兰盆节和正月假期才能见家人。

每年的学习期间内，学徒在七月盂兰盆节和正月，才能享受 10 天的假期。其余时间，为了避免精神出现松懈，即使父母前来探望，也不允许双方见面。

第五，禁止学徒接受父母给的生活费和零用钱。

学徒要意识到，只有自己辛苦赚取的薪水购买的工具，才会更珍惜。而用别人的钱财购买，则不会有任何感动。

第六，学习期间，绝对禁止谈恋爱。

学徒如被发现谈恋爱，会立即开除。这一点是为了确保学徒能够心无旁骛、不受干扰地专心学习，否则，一流匠人难成。

第七，每一天从晨跑开始。

每天早晨，所有人必须跑步十分钟，用来振作精神，培养集体意识。

第八，共同做饭，严禁挑食。

一二年级学徒要动手准备饭菜，挑食的人也往往会挑工作、挑活儿，必须禁止。

第九，工作之前先行扫除。

学徒每天要打扫街道、打扫厂区、清扫机械、清扫车辆、清扫仓库，通过扫除来磨砺心志。

第十，每日朝会齐声高喊“匠人须知 30 条”。

每日高喊“匠人须知 30 条”，方可让一流匠人的标准渗透到学徒的潜意识中。

◇ 秋山学校“匠人须知 30 条”

1. 进入作业场所前，必须先学会打招呼。
2. 进入作业场所前，必须先学会联络、报告、协商。
3. 进入作业场所前，必须先是一个开朗的人。
4. 进入作业场所前，必须成为不会让周围的人变焦躁的人。
5. 进入作业场所前，必须要能够正确听懂别人说的话。
6. 进入作业场所前，必须先是和蔼可亲、好相处的人。
7. 进入作业场所前，必须成为有责任心的人。
8. 进入作业场所前，必须成为能够好好回应的人。
9. 进入作业场所前，必须成为能为他人着想的人。
10. 进入作业场所前，必须成为“爱管闲事”的人。
11. 进入作业场所前，必须成为执着的人。
12. 进入作业场所前，必须成为有时间观念的人。
13. 进入作业场所前，必须成为随时准备好工具的人。
14. 进入作业场所前，必须成为很会打扫整理的人。
15. 进入作业场所前，必须成为明白自身立场的人。
16. 进入作业场所前，必须成为能够积极思考的人。
17. 进入作业场所前，必须成为懂得感恩的人。
18. 进入作业场所前，必须成为注重仪容的人。
19. 进入作业场所前，必须成为乐于助人的人。
20. 进入作业场所前，必须成为能够熟练使用工具的人。
21. 进入作业场所前，必须成为能够做好自我介绍的人。
22. 进入作业场所前，必须成为能够拥有自豪感的人。
23. 进入作业场所前，必须成为能够好好发表意见的人。
24. 进入作业场所前，必须成为勤写书信的人。

25. 进入作业场所前，必须成为乐意打扫厕所的人。

26. 进入作业场所前，必须成为善于打电话的人。

27. 进入作业场所前，必须成为吃饭速度快的人。

28. 进入作业场所前，必须成为花钱谨慎的人。

29. 进入作业场所前，必须成为“会打算盘”的人。

30. 进入作业场所前，必须成为能够撰写简要工作报告的人。

“青灯黄卷苦读，热血挚情坚韧”，秋山学校的年轻人，通过八年持之以恒的坚持，通过八年苦行僧般的修行，方才成为了日本最好的匠人，掌握了赖以安身立命的本领。

我们看到，在小野二郎的寿司店，学徒前 10 年，只能周而复始摊鸡蛋，以精进技艺。

我们还看到，“西少爷”肉夹馍的团队，经过半年的研发，用掉 5 000 斤面粉和 2 000 斤肉料，才终于研制出“西少爷”特有的配方和流程，利用电烤箱即可完全还原出肉夹馍的香酥口感。

在这个快节奏凡事追求速成的时代，我们应当时刻谨记：始终如一地坚持本心，长时间如一日专心致志地精进产品，提升服务，才是店家立根之本。

◇ 职人心态：以传承和精益求精为傲

不仅打磨产品、服务，更要打磨自己的心和生命

在上海一条不知名的小巷里，有一家“阿大葱油饼”。

店主叫吴根成，被人称为阿大，他做了 30 年葱油饼，是濒临绝迹的

上海老手艺人，被誉为“中国葱油饼之神”。

“阿大葱油饼”每炉只能做 20 个，耗时 30 分钟，每天限量只做 300 个。无论严寒酷暑，无论外边排的队伍有多长，顾客有多么“怨声载道”，阿大始终严守时间和工序，“没法快啊，快了外面焦里面不熟，猪油没化开，口味就两样了。”

好不容易等到一炉葱油饼出锅，排在前面的心急的顾客伸手就要去拿，每当这时，阿大都会提醒，“不许拿！要放 2 分钟才可以。不然不脆！”[1]

“阿大葱油饼”所在的小巷，每天都人潮涌动，有人甚至赶早班地铁、哪怕排上五个小时的队，也要一饱口福（见图 7.6）。

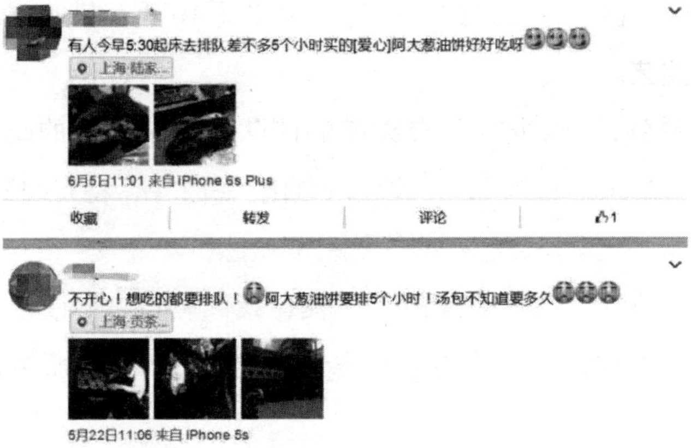

图 7.6 “阿大葱油饼”的顾客点评

如今的阿大作为上海的名匠，不仅被央视报道，就连英国 BBC 都慕名而来，为他专门拍了一组纪录片。

30 年不断精进的手艺，是对顾客的尊重，也是对自己的负责。阿大的坚守，为他带来了可观的回报，他在上海先后买下三套老洋房。

如今的阿大已经 65 岁高龄，整个小店只有他一人忙活，没有学徒和

1 金错刀：《震惊了央视和 BBC 的中国葱油饼之神，排队 5 小时，竟是一位 65 岁的驼背老大爷》，2016 年 7 月 19 日。

帮工，他不能退休，因为没人能扛下他的衣钵。

有人想出钱买他的技术，也有人出高价想搞连锁，都被阿大拒绝了。

在阿大看来，他的手艺没有什么秘密，又不是造原子弹，哪有什么秘术。

阿大说：“这东西要用心做，都会好吃的。”

一个再简单不过的道理，一个再简单不过的成功之道。

很多人就是耐不下性子用心去做，一辈子都学不会。

东京有一家名叫“小笹”的小店，只有 $3m^2$，产品就两种：羊羹和最中饼。羊羹每天限量只做 150 个，可年收入却高达 3 亿日元。

很多人早上四五点就来排队，将近 50 年，天天如此。

顾客为何甘愿这样排队购买，来听听食客的说法。

“吃了一口，感觉整个宇宙都要美哭了。”

“吃下一口，仿佛去深海遨游了一次。”

“羊羹里住着锦鲤，吃下去，愿望仿佛就能成真。”

“美貌到舍不得吃，但是又美味到忍不住不吃。”

……

“小笹”的老板叫稻垣笃子，在他的世界观中，最好的羊羹，会在制作中的某一刻闪耀出紫色光芒，为了一睹这种紫色的光芒，稻垣笃子花了十年时间。

那一次，稻垣笃子在制作羊羹时欣喜地看到了瞬间闪过的紫色光芒，也是那一次制作的羊羹，终得父亲（也是师傅）的认可。这期间，父亲对他的要求只有一个——总之就是要做出最美味的羊羹。

制作羊羹的难点在于如何调和出口味如一的产品。因为，每天的气温和湿度不同，红豆（原料）的产地和质量不同，每天木炭的状态也不同。所有这些因素都会影响羊羹成形后的味道。

为了找到最佳调和之道，稻垣笃子又探索了十年，终达“技近乎道”

的境界，他对此的感悟是，“一旦炼制羊羹时，就是我一个人的世界。那是谁都不能打扰的我和羊羹面对面的时候，是只能专注于这件事、心无杂念的时间。忘记工厂或店铺的事、人际关系，以及炎热，全部都要忘记，只是聆听红豆的声音，心无杂念地炼制羊羹。然后，看到紫色光芒时，我就会感受到无法言喻的爽快感。”[1]

经过长达 30 年的苦心探索，稻垣笃子的技艺终于超过了父亲。

日本琦玉县晶平锻刀道场是日本武士刀锻造的标杆，道场的主人川崎也是一位传奇锻造师。

一次，川崎在接受采访时，用“技、艺、道”三个字，描述了自己的匠人之路。

当学徒的时候，“看山是山，看水是水”，按图索骥，学习的是最基本的锻造工艺。此为“技”。

出师之后，经过不断地摸索和试错，开始“看山不是山，看水不是水”，在不忘师承的基础上，开创了属于自己的锻造风格和流派，进入“艺”的层面。

锻造多年，经过无数次升华和沉淀之后，则返璞归真，“看山还是山，看水还是水”。在锻造的时候，刀再也不是一件死物，而是一种生命体，仿佛被赋予了灵性，就如川崎自己说的那样：“日本刀是有魂的”。

这里的魂，指的就是灵性，亦即我们所说的“艺通乎神”，开始领略到“道”的境界。

古人常说：“技进乎道，艺通乎神。”

商家打磨自己的产品和服务，就是要达到这种出神入化的境界，通过长期的坚守，“用心、入神”地去对待自己的事业，去对待顾客，倾注所有情感，让每一项服务、每一件作品都是活的，充满生命，就像是被施加了魔法。

1《匠心匠造！ 3m^2 小店，年赚 3 亿》，链接：http://toutiao.com/i6298297495826989569/。

台湾“诚品书店”吴清友说过一番话：服务的最高境界是精进自己，分享他人。

无论是经营何种实体店，都需要这样一种姿态：精进产品、精进服务、精进自己，以一颗匠心来打磨自己的事业，打磨自己的心和生命。

摈弃赚“快钱”的商人精神

什么是商人?

所谓商人，是指借助自身或社会有形资源或无形资源为工具，获取利润并负有一定的社会责任的人，或者是以自己的名义实施商业行为并以此为常业的人。

注意，商人不仅仅是以获取利润为目的，还要承担一定的社会责任。

商人做的事有两件，一是服务社会，承担一定的社会责任；二是在服务社会、承担责任的过程中赚取利润。

什么是商人精神呢?

所谓商人精神，就是“义中取利”，商人的经商活动就是在服务社会的过程中赚钱。君子爱财，无可厚非，不过要取之有道，要合乎义，古人讲“义者，宜也”。即处理事情时，应适当适宜，合情合理。反之，就是不义。

商人精神值不值得推崇呢?

回答当然是肯定的!

不得不承认，经商创业是一条充满荆棘与艰辛之路，哪怕只是简单的摆个地摊，开家小店，做个小小的个体户，也不例外。

试想一下，那些做生意、创企业的人，能够在不耕不织、不偷不抢、不违法不犯罪的前提下，将社会上的财富以一种合理而又合法的形式“聚敛”过来，毫不夸张地说，创业、做生意几乎是天底下最困难的一件事儿，因为这需要经营者具备一种超乎凡响的意志力与经营运作能力。

这是令人尊敬的，这些生意人、创业者骨子里就有一种商人精神、一种创业精神。

我们应该排斥的应是被扭曲的商人精神。

多年来，特别是我国改革开放以来，人们对商人存在着一种误解，认为商人就是为了赚钱，就是唯利是图。甚至，认为无商不奸。

社会上的这种“误解”，不是空穴来风，有其现实的土壤。我们能够看到，确实有一批商人、商家，为了利润，不择手段，各行各业都有黑幕和各自的潜规则，靠坑蒙拐骗大赚黑心钱，彻底失去了其承担社会责任的职能，给人们留下了极其恶劣的负面印象。

依赖这种方式赚取的利润，难以持久。佛家有句话，叫“德不配位，必有灾殃”。通过一些见不得人的手段，获取的收入和利润，与商人本人的德行不匹配，必不能长久，甚至会在一个多维时空里，招致其他灾祸，乃至殃及子孙后代。

就像很多南方人开办的私人诊所、民营医院，到某地开了一家男科或妇科诊所，各种忽悠、蒙骗的手段无所不用其极，时间长了，口碑相传，医院品牌彻底做烂，再也没有患者愿意上钩的时候，也就是他们“摇身一变”的时刻——换个名称，换个 LOGO，换一套治疗理念，再租一套房子，还是原班人马，还是原来的老板，另起炉灶，照样做得风生水起。

一个典型的“圈钱—做死某款产品—出新品—圈钱”的死循环，这种生意模式，一是难以持久，再就是良心难安。赚的黑心钱也早晚会以其他的形式吐出来，因为“德不配位，必有灾殃”。

大概是 2014 年 3 月份，我家附近开了一个小店，产品只有一个——绿豆饼，买 10 元送 10 元，每天路过，都能看到顾客排着长长的队，持续了有十几天，一直处于排队购买状态，中间大概只有一两天比较冷清。

一段时间后再次路过，看到那家店门前又排起了长长的队伍，开业花篮摆了两排，店面上的招牌却变成了“奶油曲奇”，买 10 元送 5 元，其他没有任何变化（店员、店铺装潢、设备），于是，销售竟再一次火了起来，长队排到了马路上。

大概 20 天之后，同样的套路上演，招牌换成了“熏兔肉”，同样是看上去促销力度很大，“买多少送多少”，生意一直很火。

又是十余天，兔肉销售逐渐转淡。

我下意识地想他们的商品又会是什么？

谁料，几天后这家店已经是人去楼空。

我相信店家之所以“弃店”，并不是因为亏损，恰恰是因为他们已经“够了”，将这个区域的顾客消费潜力已经挖掘殆尽了，觉得再没有油水可供榨取，所以精明地选择了离开。

我坚信，在其他地方他们一定会“东山再起”。

如果单纯从生意、赢利的角度看，这个案例简直堪称是一个经典。

但如果从商人精神、商家追求的角度看，这是典型的“圈钱—做死某款产品—出新品—圈钱”。

华为公司 CMO 邵洋曾经说过这样一番话：“美国人把东西做出来，日本人做好，韩国人做便宜，中国人把东西做死，比如说电视机、小灵通等产品都是如此。”

以这种心态去经营实体店，永远没有竞争力，没有根基，缺乏品牌效应，随着消费者甄别能力的提升，这种投机取巧赚快钱的操作路子迟早会成为历史。